TEAM
LEARNING METHOD

团队学习法

组织学习能力提升的难点、途径和实践

吴馨◎著

清华大学出版社
北京

内 容 简 介

彼得·圣吉的理念和方法在西方获得了巨大的成功，但引入中国 20 余年却收效甚微。目前我国各种组织的普遍现状是，组织内个人学习能力普遍较强，但组织学习能力相对较弱。

《团队学习法：组织学习能力提升的难点、途径和实践》依据中国人的思维与行为特点，针对组织学习中现存的四大难点构建八维模型，借助 8 条途径、9 个实际工作情景下的应用方法，全面提升组织学习能力，力图为我国各级组织提升组织学习能力提供理论支持及有效方法。

图书在版编目（CIP）数据

团队学习法：组织学习能力提升的难点、途径和实践 / 吴馨著 . —北京：清华大学出版社，2021.8

ISBN 978-7-302-58871-9

Ⅰ.①团… Ⅱ.①吴… Ⅲ.①组织管理学 Ⅳ.① C936

中国版本图书馆 CIP 数据核字（2021）第 166119 号

责任编辑：徐永杰
封面设计：李召霞
责任校对：王荣静
责任印制：杨 艳

出版发行：清华大学出版社
   网 址：http://www.tup.com.cn, http://www.wqbook.com
   地 址：北京清华大学学研大厦A座 **邮 编**：100084
   社 总 机：010-62770175 **邮 购**：010-62786544
   投稿与读者服务：010-62776969, c-service@tup.tsinghua.edu.cn
   质量反馈：010-62772015, zhiliang@tup.tsinghua.edu.cn
印 装 者：三河市吉祥印务有限公司
经 销：全国新华书店
开 本：170mm×240mm **印 张**：13.25 **插页**：1 **字 数**：200千字
版 次：2021年9月第1版 **印 次**：2021年9月第1次印刷
定 价：69.80元

产品编号：092586-01

序

我和吴馨老师在原国家行政学院工作时是同事。她在学院培训中心长期担任司局级班主任，自己既能讲课，又能作催化师和引导师。平时工作既敬业更专业，既熟悉干部的现状和需求，又熟悉培训工作的特点和规律，是一位做干部教育培训工作真正的行家里手。因此，我俩在干部培训方面经常交流心得，共同语言颇多。近日，当她把新作《团队学习法：组织学习能力提升的难点、途径和实践》（以下简称《团队学习法》）送来并嘱我读后写篇小序时，我很高兴就答应了。

"组织学习能力不是由个人学习能力叠加而成，而是取决于领导力。"这是《团队学习法》一书开宗明义的论断，当然也是我发自内心赞同的观点。个人的学习能力与组织学习能力远不是一回事，二者更不是正相关的。有不少人个人学习能力强，兴趣广泛，博览群书，但是他的团队学习能力可能很差，组织学习更是效能平平。

战争年代，大部分将士文化程度不高，但打败了个人文化程度相对较高的国民党军队，原因是中国共产党军队的组织学习能力更强。吴馨老师认为，组织学习能力离不开组织领导力。我大半辈子研究领导力和领导科学，却发现组织领导力更离不开组织学习能力。原来组织学习能力与组织领导力相互高度依存，不可能真正分离。一方面，组织学习可以为组织注入激情，赋予能量，为组织变革提供方向和愿景，为组织行动提供共识和动力。另一方面，组织学习需要领导精心谋划组织、沟通引导，需要领导去明确方向、激励反馈。组织学习重在共同学习，形成共识，凝心聚力，共同行动。

中国共产党从胜利走向胜利的真正奥秘是她拥有强大的领导力，党的领导力的最成功之处在于能够"把党的正确主张变成群众自觉行动"。中国共产党的领导力从来离不开它始终如一的学习力。习近平总书记说过："中国共产党人依靠学习走到今天，也必然依靠学习走向未来。我们的党要上进，我们的干部要上进，我们的国家要上进，我们的民族要上进，就必须大兴学习之风。"

新时代领导干部首先要增强学习本领，因为学习本领是八大本领之首。只有通过学习，才能增强政治领导本领、改革创新本领、科学发展本领、依法执政本领、群众工作本领、狠抓落实本领和驾驭风险本领。另外，学习本身又是每一位领导干部的看家本领、头号本领。新时代每一位领导干部，每一位干部教育工作者必须懂得这里讲的学习本领不是干部个人的学习本领，而是团队学习本领，是组织学习本领。

吴磬老师在本书中反复强调的"学习能力是组织的基本能力"的观点是很有见地的。组织学习能力决定了这个组织能否进步，而且决定组织进步的快慢。提升组织学习能力是做好本职工作、促进各项事业创新发展的重要途径，更是提升干部执行力和领导力的有效途径。

我注意到，《团队学习法》还强调一点，就是提升组织学习能力迫在眉睫，对此我也高度认同。面对着普遍存在的组织学习的本领恐慌，各级领导干部不仅要意识到组织学习的极端重要性，而且更应感受到组织学习的极端迫切性。正像习近平总书记所言，全党同志特别是各级领导干部要有本领不够的危机感，以时不我待的精神，一刻不停地增强本领。只有全党本领不断增强，"两个一百年"奋斗目标才能实现。习近平总书记用"时不我待"和"一刻不停"这八个字强调增强学习本领的极端重要性和紧迫性。

"好学才能上进，好学才能学本领。"我们的任务是过河，要过河就要解决桥的问题、船的问题。组织学习的桥与船就是本书作者倾心构建的"提升组织学习的八维模型"。《团队学习法》真正的价值就在于作者在长期的干部培训工作中经验积累和学理探究基础上构建的"提升组织学习能力的八维模型"。

组织学习固然重要，但更重要的是在于怎么学，怎么办！树沟通学习理念、提领导的领导力、建三大学习机制、修三种思维方式、创组织机构再造、实科学管理制度、习有效引导技术、设引导培训机构。这 8 个方面既条分缕析，又相互联系，构成一幅组织学习的全景图。吴馨老师认为，团队学习是组织学习的基础，二者没有本质上的区别。掌握了团队学习法就能提升组织学习效能。八维模型逻辑清晰，层次分明，既有学理，又特别实用。八维不是"八股"，并非每次团队学习都要刻板照办、面面俱到，而是要根据具体情况有所选择、有所侧重。初始阶段我们可以按图索骥，严格程序，但熟练以后就可以或加或减，灵活运用。总之，八维模型可以有效引导我们由浅入深，渐入佳境，从而实现组织学习的高效率，实现干部教育培训的专业化和科学化水平。

在设计团队学习时要考虑如何选择合适的学习工具和方法。选择工具和方法要先确定团队学习的组织形式，再根据具体步骤选择相应的学习工具。针对原因找对策，针对问题找办法。有了这个八维模型的路线图，就能大大提升团队学习的能力和效率。

习近平总书记强调"坚持学习、学习、再学习，实践、实践、再实践"。离开实践，团队学习寸步难行！离开实践，团队学习就徒有虚名！

"读书是学习，使用也是学习，而且是更重要的学习。"团队学习就是共同学习，就是自觉学习、不断学习。组织学习有个127法则，组织能力的10%是从书本学来，组织能力的20%是从别人那里学来，组织能力的70%则是从团队实践中学习、总结、思考和感悟得来的。我们说的行动学习就是工作中的团队学习，在实践中学习，在学习中实践。理论联系实际是最有效的组织学习。广大干部特别是年轻干部要特别重视在常学常新中加强理论修养，在真学真信中坚定理想信念，在学思践悟中牢记初心使命，在细照笃行中不断修炼自我，在知行合一中主动担当作为。

本书的亮点还在于始终以实践的视角来研究团队学习，并重点指出团队学习在两个方面如何具体运用：一是集中培训如何运用团队学习法；二是在工作状态中如何运用团队学习法。这个实践指南可以帮助读者进一步理解和应用八维模型。前者有利于教师、引导师（催化师）应用团队学习法，如结构化研讨的应用，可以从研讨步骤、研讨形式和研讨内容这三个方面进行结构化研讨。后者有利于领导干部应用团队学习法，如行动学习法的应用，领导干部可以把学习与工作密切结合起来进行，采用学习—行动—再学习—再行动的组织形式。在集中学习时再细分为五个阶段，这对在职领导干部而言更有启发。

敏行讷言，行胜于言。团队学习的关键就是通过共同学习，改变思维，更改变行为，从而提高组织效能。团队学习，大有可为！团队学习，迫在眉睫！让我们从阅读《团队学习法》开始行动吧！

是为序！

刘峰

中共中央党校（国家行政学院）一级教授

中国领导科学研究会常务副会长兼学术委员会主任

2021 年 3 月 18 日

前　言

在长达 8 年的时间中，笔者对各类组织的 3 000 多名领导干部所在组织的团队或组织学习状态进行了测试，测试的结果：真正能称得上是学习型组织的只有不到 6%，绝大部分组织都不是学习型组织。这 3 000 多名领导干部所在的 3 000 多个组织的学习能力普遍低下，而且这些组织基本上都是党政机关和国企及事业单位，即基本上都是体制内的单位。这些组织的成员基本上都是本科以上学历，且这 3 000 多名领导干部的个人学习能力普遍较高。这说明了组织成员个人学习能力高低并不能决定其组织学习能力的高低。

许多人想当然地认为，提升组织学习能力只要努力提升组织成员个人学习能力就可以了，实际上这种观念错得离谱。个人学习能力主要是由其思维力决定的，但是团队或组织学习能力并不是仅仅由其成员的思维能力所决定，它还受制于团队及组织成员的沟通协调能力及学习的方向。因此，团队及组织的学习能力不等于团队及组织成员个人学习能力之数量和，团队学习力的大小是成员沟通力与学习力乘积之矢量和，用公式表示为

$$\vec{S}_{团} = \sum \vec{C \cdot S_{个}}$$

团队及组织成员对组织学习能力的贡献是不同的，团队及组织学习能力更多的是由团队或组织领导的领导力决定的。这个结论可以说明为什么毛泽东领导的工农武装可以战胜蒋介石领导的国民党军队。共产党的军队其个人学习能力比国民党军队的要低很多，但是组织学习能力却远高于它。

根据领导力的定义可知，真正的团队或组织学习是一种领导行为，团队及组织学习能力是领导力的一种体现，团队或组织学习能力是由其领导的领导力决定的，同时团队学习可以使领导力获得突破。因此，应该将提升组织学习能力与

提升领导力相结合，而不是相分割。

自学习型组织之父彼得·圣吉的《第五项修炼——学习型组织的艺术与实践》出版以来，西方的大企业几乎都进行了相应的实践，并取得了巨大的成功。彼得·圣吉被《商业周刊》评为世界十大管理大师之一，但是，彼得·圣吉的理念和方法引入中国 20 多年来，似乎在中国并没有出现像在西方那样的成功，中国的学习型组织十分少见。这是因为中国人的思维方式与西方人不同，西方人的分割思维方式缺乏系统思维，彼得·圣吉的学习型组织模型的关键是系统思维，他抓住了西方人的软肋，因此获得了成功。而中国人是易思维，其精华之处就是系统思维，所以对中国人强调系统思维意义不大，中国人缺乏科学思维，因此，笔者将彼得·圣吉的模型进行了修正，以适应中国人的情况。

研究发现，目前大部分组织的团队或集体学习都是不良的团队或集体学习，表现为一言堂、无重点、无序化、无效果、争斗性、不真诚、不发言等消极状态。这种不良的团队或组织学习不仅不能促进团队及组织进步，而且可能破坏团队及组织建设。

为什么真正有效的团队或组织学习难以开展呢？因为其中普遍存在着四大难点，即九大认识误区、组织领导问题、四大学习障碍及两大引导缺乏。针对四大难点，本书从八条途径试图来解决这些问题。根据团队学习的定义，团队及组织学习首先需要调整学习方向即共识学习目标，在沟通与协作中，通过树沟通学习理念、提领导的领导力、建三大学习机制、修三种思维方式、创组织结构再造、实科学管理制度、习有效引导技术及设引导培训机构等 8 条途径，全面提升团队及组织的学习能力，构建真正的学习型组织。由此笔者创建了提升组织学习能力的八维模型，如图 0-1 所示。

本书的主要收获如下：

（1）经过对 3 000 多名局处级干部的问卷测试，发现超过 94% 的组织学习能力低下。

（2）精准定义团队及组织学习的概念，提出影响团队及组织学习能力的三要素，指出个人学习与团队及组织学习的本质区别。

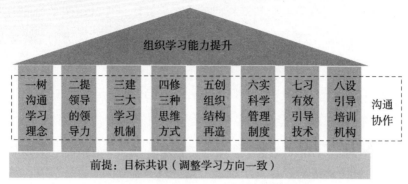

图0-1　提升组织学习能力的八维模型

（3）发现组织领导对组织学习力起决定性的作用，说明提升领导力与提升组织学习能力的关系与作用。

（4）针对普遍存在的、不良的团队及组织学习，发现开展有效团队及组织学习的四大难点。

（5）提出东西方在思维方式上存在的本质差异。中国人在系统思维上见长，西方人在科学思维上见长；反之，中国人在科学思维上不足，西方人在系统思维上不足。

（6）针对四大难点提出提升组织学习能力的8条途径，并以沟通为核心创建提升组织学习能力的八维模型。

（7）找到直接引用西方有关理论在中国的不适用之处，完善彼得·圣吉模型，并创建了适用于中国实际的模型。

（8）指出团队学习与行动学习的区别与联系、条件与范围。

（9）将团队学习有效地运用在集中培训及各种工作场景中，总结归纳出数十种典型的团队学习组织形式，并验证了其对提升组织学习能力的作用和成效。

任何个人、组织和国家都有四项基本能力，即学习能力、管理能力、竞合能力及生存能力，其中学习能力是四项基本能力的基础。因此，组织的学习能力决定了组织能否持续进步和发展，而且其能力大小决定了其发展的快慢。提升组织学习能力对组织进步具有重大意义，而目前我们的组织学习能力却普遍低下，严重影响组织进步，提升组织学习能力不是单单提升组织成员个人的学习能力，需引起各级组织及组织领导尤其是一把手的高度关注。提升组织学习能力是提升国家治理能力的基础工程，各级组织都应该将提升组织学习能力的工作放到战略高度去认识、去谋划、去实施。从这个意义上说，如果本书能够为我国的各种组织的学习能力的提升尽绵薄之力，就是笔者最大的荣幸。

本书的完成，得到了全国著名领导学和管理学专家、中央党校（国家行政学院）一级教授、中国领导科学研究会常务副会长兼学术委员会主任刘峰教授给予的热心鼓励和大力支持。作为中国本土化领导力研究的主要开创者，刘峰教授在领导学方面享有盛誉，可当之无愧地被称为大师。笔者在国家行政学院8年的带班工作中，得到了刘峰教授的持续支持。另外，他对我的研究领域也给予了热情的鼓励。在我提出为本书写序时，他欣然答应，尽管当时刘峰教授正患眼疾，但是却认真地阅读了全书，并给予了高度的评价，让我深受感动备受鼓舞。

2021 年 4 月于北京

目 录

第一章　团队学习与组织进步

 思维导图

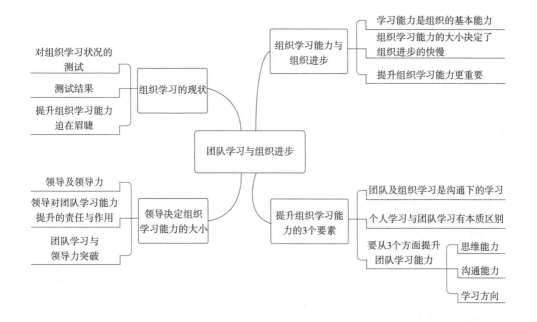

导言

　　团队学习能力不是团队成员学习能力的简单叠加，组织学习能力更不是组织成员学习能力的简单叠加。个人学习能力的核心是思维能力，而团队及组织学习能力的影响要素是团队及组织的思维能力、沟通能力及对学习目标的共识度。因此，从个人学习到团队学习发生了质的变化，用提升个人学习能力的方法不能有效地提升团队及组织学习能力。

　　学习能力是个人、组织或国家的一项基本能力，它决定了个人、组织或国家的不断进步和持续发展。组织要进步就是组织要向好的方向改变。组织要改变，必须通过了解现状、发现问题、分析问题、解决问题并付诸实施，才能得到组织转变的途径。而这个过程的每一步，组织必须通过学习才能获得。组织的学习能力越强，组织进步得就越快。组织的学习能力决定了组织的进步和不断发展的能力。

　　测试表明，我国各类组织的学习能力普遍较低，严重影响了组织的进步和发展，迫切需要大力提升组织学习能力。

　　开展有效的团队学习目的和作用是：提升组织学习能力，促进组织团队建设，培养组织先进文化，帮助组织解决问题，助力组织持续发展。

　　学习能力的核心是思维能力，思维是靠大脑来进行的。首先，一个团队或组织的大脑是其领导。其次，依照领导行为及团队学习的定义，组织团队学习就是一种领导行为。最后，团队学习中的组织、协调与沟通及对学习目标的共识也要靠领导来主导。所以，领导决定了团队或组织学习能力的大小，团队或组织的进步也主要由领导所决定。

组织学习的现状

一、对组织学习状况的测试

笔者对 60 多个干部培训班超过 3 000 名局处级领导干部进行了一项其所在组织团队学习状况的测试。这是一项包含 11 道题目的测试，每位学员根据自己所在组织的实际情况来打分，认为与题目所述情景符合的打 4 分、基本符合的打 3 分、基本不符合的打 2 分、不符合的打 1 分，最后将所有得分相加。题目如下：

（1）我的组织有清晰的、可实现的行动目标。

（2）组织中有明确且在使用的规则来处理成员间的关系。

（3）组织开会或研究问题时，每个人都积极参与，不是由少数人控制。

（4）组织开会或研究问题时，每个人都能坦诚相见，而不是隐瞒真实的想法。

（5）组织开会或研究问题时，大家能够互相听取并支持别人的意见。

（6）出现分歧时，大家能够互相尊重，就事论事而不是进行情绪化争吵。

（7）组织的重大决策通常是争取达成一致意见而不是简单地投票决定。

（8）开完会后，大家一般都感觉有收获并有明确的行动计划。

（9）我们的团队成员之间和谐融洽，而不是充满敌意。

（10）我们的会议每次都是精心策划、富有成效，而不是毫无章法、浪费时间。

（11）我们经常会停下来自我反省，并采取行动不断改进。

评判标准如下：

（1）总分 ≥ 40 分。恭喜你，你在一个高绩效团队中。在这样的组织中，个人与组织都在不断地进步，这个组织是真正的学习型组织，这样的组织不超过 6%。

（2）40分＞总分≥33分。你在一个有一定氛围的团队中。这样的组织基本上可以达成组织目标，但是远非高绩效团队，20%~30%的组织是这样的组织。

（3）33分＞总分≥26分。你在一个一般规范的团队中。这样的组织数量最多，超过40%，其中规中矩，缺乏创新及动力，基本维持现状。

（4）26分＞总分≥20分。你在一个官僚习气较重的团队中。这样的组织数量在20%~30%，其内部潜规则较多，组织绩效水平较低。

（5）总分＜20分。你在一个士气低下、令人窒息的团队中。这样的组织数量不超过5%，如果是私营企业，基本生存不下去。

上述组织，除了第一类组织外，都不是学习型组织，其组织智商不高、组织学习能力普遍低下。

二、测试结果

在参加测试的60多个班中，每个班的得分在40分以上的学员是0~10%，综合下来这3 000多个学员所在组织的组织学习能力普遍低下，能称得上是学习型组织的不超过6%，也就是说超过94%的组织不是高绩效的组织。

这个测试结果具有普遍性。因为这60多个班的3 000多名学员分别来自体制内的各种组织，有中央国家机关和地方政府机关的公务员，有各类事业单位的管理干部，还有各类国企的领导干部，甚至还有一些规模以上的私营企业领导，几乎涵盖了国内所有类别的单位。

这个测试结果具有真实性。笔者在每次测试前都和学员强调，这个测试只是让学员了解所在组织团队学习的状况，并不要求学员将测试结果上交，也不会要求学员上交给自己的组织，因此他们可以放心参与测试。只是在测试后让得分在40分以上的学员举一下手，便于统计高绩效团队在全班的占比。

这个测试结果也辅证了西方的一些著名组织行为学专家对几千个组织管理团队的测试结果：团队中个人的智商平均都在120分以上，而团队的平均智商却只有62分。

因此，通过这个测试，可以真实而明确地说明绝大部分组织的学习能力是低下的。

三、提升组织学习能力迫在眉睫

组织学习能力是一个组织进步发展的能力，也是组织发现错误、改正错误的能力，更是组织超越自我、不断创新的能力。

一个奇怪的现象是参加测试的学员都是本科以上学历的领导干部，其中有许多具备硕士学位甚至不乏博士学位，其个人学习能力是很强的，但是其组织学习能力却普遍低下，这说明团队及组织学习能力不是由其成员个人学习能力所决定的。这使我们必须搞明白影响团队及组织学习能力的要素是什么，是怎么起作用的，如何促进其提升。

在战争年代，中国共产党领导的人民武装，其成员大部分来自工农，却打败了装备精良、人员素质普遍高于自己的国民党军队。靠的是其成员对目标的高度共识（不是统一思想），官兵同心协力不怕牺牲，勇于面对和克服任何艰难险阻。虽然个人文化程度不高，但以毛泽东为首的领导的领导力却大大高于蒋介石为首的领导的领导力。如果说学习力是不断改正错误、持续进步的能力，那么中国共产党领导的军队的学习力远远高于国民党军队，由此可见组织学习力不是由个人学习力叠加而成，而是取决于领导的领导力。

而今我们的组织学习力普遍低下，与战争时期差得很远，根本原因是不能达成目标共识，也就是团队或组织学习的方向不一致。目标共识不是统一思想，统一思想是一种无效的管理行为，因为思想放在每个人的大脑中，是否统一无法判断，许多人为了保护自己而掩盖真实思想，而且统一思想可能造成思想僵化，不利于创新。目标共识是让组织成员真心实意地认可目标并竭尽全力为实现目标而奋斗。因此，组织的领导有责任和义务关注组织目标并将其成员统一到目标上而不是自己的思想上。2019 年以来组织的"不忘初心，牢记使命"主题教育活动，本意是要聚焦目标而不是统一思想，有些地方变成形式主义，就是没有使广大干部真正共识其使命，只是统一思想喊空话，就不能真正凝聚力量朝着共同的目标努力。

组织学习能力还与组织成员沟通协调能力相关，尤其是组织领导的沟通协调能力对能否在组织中开展真正的团队及组织学习至关重要，但遗憾的是，组织的领导们并没有意识到这一点。因为真正的团队及组织学习不是单纯在一起的学习，而是成员沟通下的学习。没有有效沟通就没有真正的团队或组织学习。目前大多数组织内的团队或组织学习恰恰是缺乏有效沟通，战争时期那种官兵一致、同甘共苦、齐心协力向着共同目标努力的情景很难看到了，我们的集体学习只是人在一起，而不是心在一起。这样的集体学习是不能增强组织学习能力的，也成就不了学习型组织。

组织学习能力与组织进步

一、学习能力是组织的基本能力

关于学习，中国人与西方人的认识并不完全相同。一般认为，学习是通过阅读、听讲、观察、研究、实践等途径而获得知识、技能或认知的过程。简单地说，学习就是认知，这是西方人对学习的定义。中国人认为学习不仅是认知而且是使用。孔子在《论语》开篇说道："学而时习之，不亦说乎？"毛泽东在《中国革命战争的战略问题》中写道："读书是学习，使用也是学习，而且是更重要的学习。"也就是说，西方人认为的学习只是中国人说的学，中国人认为的学习是学与习两种行为，而不是单单认知一种行为。因为对学习的认识不同，西方人关于学习的许多理念与做法直接嫁接到中国就不太适用。如行动学习，到中国就远没有获得在西方的成效。既然我们认为学习是学与习的结合体，所谓行动就是习，所以没有必要再强调行动，中国人的学习是包括了行动的。

既然学习是认知与使用（即行动），那么学习能力就是认知与使用的能力。简单地说，就是处理信息的能力，即运用科学的学习方法获取信息，加工和利用信息，分析和解决实际问题的一种个性特征，它是所有能力的基础。

学习能力是人类的一项基本能力。不论是对个人还是对组织、国家而言，它都是一项基本能力。美国著名历史学家、斯坦福大学历史学和古典文学教授伊恩·莫里斯（Ian Morris）在《西方将主宰多久：从历史的发展模式看世界的未来》中，追溯人类发展 50 000 年的考古史，用 4 个量化指标来衡量东西方实力的变化：获取能量的能力（生存能力）、城镇化的程度（管理能力）、处理信息的能力（学习能力）及发动战争的能力（竞争能力）。实际上，这 4 个能力就是一个组织或个体的基本能力。

这 4 个基本能力的关系，如图 1–1 所示。

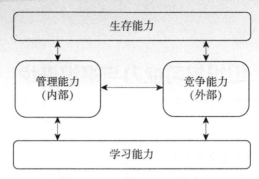

图 1-1　4 个基本能力的关系

学习能力是 4 个基本能力的基础，对内决定了组织管理能力的大小，对外决定了竞争与合作（竞合）能力的强弱，最终决定了组织或个体的生存能力。4 个基本能力之间都有相互作用与反作用，综合能力决定了组织或个体的发展能力。因此，学习能力不仅是个人基本能力的基础，也是组织甚至是国家基本能力的基础。

二、组织学习能力的大小决定了组织进步的快慢

学习能力决定了组织或个体能否持续发展。任何个体、组织在发展过程中，都会不同程度地犯各种各样的错误。他们都需要依靠学习来不断发现错误、分析错误和纠正错误。学习能力的大小决定了组织或个体发展的速度和质量，组织学习能力强弱决定了组织进步的快慢。因此，学习能力强的组织就是发现错误、分析错误和纠正错误快的组织，也是进步发展好和快的组织。

习近平总书记指出："中国共产党人依靠学习走到今天，也必然要依靠学习走向未来。"重视学习、善于学习是中国共产党人的优良传统，被誉为"看家本领"和"制胜法宝"。历史已经证明，什么时候能够抓紧、抓好学习，中国革命、建设和改革事业就顺利发展。反之，就会出现错误和波折。

中国共产党从成立之日起，就依靠学习不断地发展壮大。只有通过学习，才能解决"人不通古今，马牛而襟裾"的本领恐慌症。毛泽东强调：有了学问，好比站在山上，可以看到很远很多东西。没有学问，如在暗沟里走路，摸索不着，那会苦煞人。为此，党的六届六中全会就提出要加强学习，建立学习制度。中共

中央专门成立了干部教育部，统一领导学习运动。在陕北，中国共产党创办了中央党校、抗日军政大学、陕北公学、鲁迅艺术学院等 30 多所学校来培养党政军各级领导干部。毛泽东、刘少奇等中央领导亲自给学员上课。

这种制度下的中国干部教育培训工作，在世界上具有鲜明的特点及独特的资源优势。早在革命战争年代，就为新中国成立作出了积极贡献。特别是中华人民共和国成立以来，培养造就了大批信念坚定、为民服务、勤政务实、敢于担当、清正廉洁的好干部，对推动学习型、服务型、创新型马克思主义执政党建设和学习型社会建设，推进国家治理体系和治理能力现代化，发挥了积极的作用，为不断夺取中国特色社会主义新胜利、实现中华民族伟大复兴的中国梦提供了思想政治保证、人才保证和智力支持。

三、提升组织学习能力更重要

但是一直以来，干部教育培训工作与党和国家的要求相比，还有较大的差距。归纳起来，就是培训需求还不能真正满足组织需要。培训内容的针对性与实效性不强。培训方式单调，教与学及学与学互动不足。培训资源没有充分发挥应有的作用。干部教育培训工作的目的，是通过培训引发学员主动反思自我、发现不足，促进学员发生思想与行为的改变，使个人与组织朝着组织的目标不断进步。因此，培训的价值在于是否发生改变。但是只是着眼于干部个人学习能力提升的传统培训模式，是不能有效地提高组织学习能力的。对于组织来讲，团队及组织学习能力的提升远远比成员个人学习能力提升更重要，组织培训必须将着眼点放到如何提升组织学习能力的方面上来。

由于普遍存在这样的认识误区，即只要将团队或组织成员的个人学习能力提升上去，团队或组织的学习能力就自然提高了。事实上并不是这样，因为决定团队或组织学习能力的要素不完全与决定个人学习能力的要素相同，成员个人学习能力的提升并不一定带来其所在团队或组织学习能力的提升。

提升组织学习能力的3个要素

为什么组织成员个人学习能力很高，但组织学习能力不高？因为个人学习与团队和组织学习有本质的差别，从个人学习上升到团队学习是质的转变。团队学习与组织学习没有本质差别，从团队学习上升到组织学习只是量的增加。因此，团队学习是个人学习上升到组织学习的重要节点，团队学习能力提升是组织学习能力提升的关键。

一、团队及组织学习是沟通下的学习

既然学习的定义是认知与使用，认知与使用都是通过思维来进行的，因此学习的核心是思维。个人学习是个人的思维活动，团队学习是团队成员沟通下合成的团队思维活动，组织学习是组织成员沟通下合成的组织思维活动。团队或组织的思维活动并不是其成员个人思维活动的简单数量相加，而是一个沿着团队与组织需要方向相互作用或加强或削弱的集体思维活动。

任何学习，不论是个人还是团队或组织，都是有目的的，也就是学习都是有方向的。个人学习的方向由个人默认，所以我们常常说学习要以问题为导向，这对个人学习来说还算符合逻辑，因为学习的目标已自我确定。但是对团队或组织学习来说，学习一定要以目标为导向，因为团队成员对学习目标常常不甚明确且没有达成共识。在团队目标不共识的条件下进行的团队学习是很难在一个方向上形成合力的。所以，个人学习与团队或组织学习最大的差别在于：个人学习只是个人的思维活动，只与个人的思维方式相关；团队或组织的学习不仅受其成员个人的思维方式影响，还受成员之间思维的相互作用和影响，而且还与团队学习的方向即目标相关。

美国学习型组织之父彼得·圣吉（Peter M. Senge）在他的成名作《第五项修炼——学习型组织的艺术与实践》中指出：团队学习就是发展团体成员整体协调

与实现共同目标能力的过程，"团队学习是协同校正的过程，是开发团队能力的过程，这种能力会创造团队成员真正想要的成果"。其核心是团队成员之间为了实现组织的共同目标并解决问题而进行的沟通与合作，核心要素是共同目标与沟通合作。扩展开来包含了 5 个要素，如图 1-2 所示。

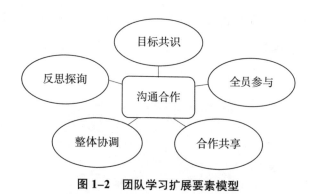

图 1-2 团队学习扩展要素模型

团队学习与个人学习最大的不同在于，团队学习是沟通下的学习。沟通需要互动，互动就是团队学习的应有之义。

有人认为，团队学习顾名思义就是团队成员在一起学习，如一起听课、听报告等。这样的学习常常因为走过场、形式主义而效果不佳，导致团队学习无用。这是一个非常普遍的认识误区，甚至很多搞培训的人也是这样想的：组织中每个人都在学习，这个组织就是在团队学习了。这个认识误区源于对团队学习的内涵不甚清楚。团队学习的核心是团队成员通过沟通与合作，解决影响组织生存与发展的问题，以最终实现组织的目标或愿景。因此，团队成员都在学习，但是没有沟通与合作，就不是团队学习，而只是团队成员一起进行的个人学习。这样的学习无法达到团队学习的目的，也不能发挥团队学习的作用。将大家一起学习等同于团队学习：①使个人学习和团队学习的目的难以分清，造成组织需求、岗位需求和个人需求难以厘清，甚至相互矛盾和不能兼顾。②认识不到个人学习和团队学习的主要区别。③不知道如何引导开展真正的团队学习。

鉴于以上原因，笔者对团队学习的定义：团队学习是沟通下的学习，是发展团体成员整体协调与实现共同目标能力的过程，本书强调沟通下的学习。

团队学习达成目的做法：通过开展有效的团队学习，建立开放的、持续改进与创新的组织文化。在团队学习中构建分享、反思、行动（反馈）三个学习机制，并使用系统、科学、同步三种思维方式，针对组织真实的问题加以解决，同时提升组织成员胜任工作的能力，促进个人与组织的持续进步，最终提升组织的核心竞争力（见图1-3）。

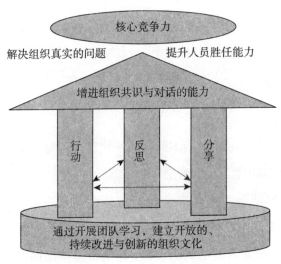

图1-3　团队学习的目的

团队学习不仅是培训教育理念，更重要的是管理理念。首先，团队学习的目的是提高组织绩效水平，管理的目的也是提高组织绩效水平，所以，团队学习是一种管理方法。其次，团队学习反映了团队成员之间的关系，管理的一个重要职能就是沟通、协调各种关系，尤其是组织内部成员之间的关系，因此，团队学习是实现协调职能的一种管理途径。再次，团队学习还是一种组织行为，符合组织行为的特征和性质，管理的主要内容之一就是对组织行为的管理，因此，团队学习是管理的一个主要对象。最后，团队学习是一种行为过程，组织管理工作从来都是对组织的每一个过程实施全程管理,所以,团队学习也是过程管理的一部分。

树立团队学习是一种管理理念的观念,对于达到培训预期的效果、提升组织学习能力及提升组织领导的领导力具有重要意义。

对于干部培训而言:①回到了原点,看清了干部培训的主要目的和任务。干部培训是一种组织培训,培训的目的首先要满足组织需求,同时满足干部岗位需求和个人需求,开展团队学习就是直接满足组织需求,而只有满足了组织需求的培训效果才有保证。②以管理理念看待干部培训,要求以一种全局与系统的视角组织每一次培训,系统设计每一个培训项目,将个人学习放入团队学习的框架中,使之成为有机整体,达到既开发团队智慧又促进个人学习的目标。③以管理理念组织团队学习,用管理学的规律、法则、方法促进团队学习,进而激发个人学习,使培训工作真正达到预期的目的与效果。

对于提升组织学习能力而言:团队学习不仅是一种学习方法,还是一种工作方法。团队学习是团队共商、智慧共聚、问题共解、成员共进的新型学习和工作方法。通过悬挂假设、反思与探询、技巧性研讨的方法,针对团队学习障碍,运用系统思维、科学思维及同步思维,依据不同的学习条件,灵活使用相关思维工具,设计运作组织有效的团队学习,有效提升组织学习能力。

对于提升领导的领导力而言:①学习能力的大小反映了组织领导领导力的大小,组织学习能力主要是由组织领导决定的。②组织领导的核心工作是带队伍,即团队或组织建设,团队建设离不开有效的团队学习,团队只有真正学习起来才能建设起来。③领导个人的领导力大小是有局限的,有效的团队学习可以突破个人能力限制,不断提升领导的领导力。

二、个人学习与团队学习有本质区别

对中国人来说,个人的平均学习能力在世界上名列前茅。英国阿尔斯特大学心理学教授查德·林恩 2003 年在研究了全球代表不同人口的 60 个经济体的国民智商后,曾得出这样的结论:世界范围内智商最高的人群分布在东亚,包括中国、日本、韩国、新加坡等国家,平均智商为 105 分。其次是分布在欧洲、美国、加拿大、澳大利亚和新西兰的人群，平均智商为100分。南亚、西亚、北非和大部分拉美国家的国民平均智商是85分。平均智商最低的地区是非洲撒哈拉沙漠以南地区和加勒比地区，上述地区国民的平均智商为70分。智商水平是衡量一个人学习能力最主要的指标，智商越高学习能力越强。这个研究说明了中国人，尤其是作为中国人的精英人群之——领导干部，其个人的学习能力是非常强的。

研究证明，组织的学习能力远远低于组织成员个人学习能力之和。20世纪80年代，彼得·圣吉通过对企业组织的大量研究，发现在许多团队中，其成员的平均智商都在120分以上，而团队的整体智商却只有62分。中国有一句俗语："三个臭皮匠顶个诸葛亮。"而现实情况是三个诸葛亮合成一个臭皮匠。社会上存在大量的"臭皮匠团队"，组织的智商普遍很低，组织的学习能力普遍很差。

影响个人学习能力的主要因素是个人的思维能力，但是影响团队与组织学习能力的主要因素是团队与组织的思维能力，合成的集体思维能力不仅是成员个人思维能力的叠加，还包括其成员之间的协调沟通能力及对学习目的的共识度即学习的方向。因此，影响个人学习能力的核心要素是1个，而影响团队与组织学习能力的核心要素是3个。从1个到3个要素是一种本质的区别。也就是说，团队或组织中个人学习能力强不能必然导致团队或组织学习能力强。

为什么团队成员个人学习能力很强，而由他们组成的团队的学习能力却普遍低下呢？因为团队学习能力不等于团队成员个人学习能力之和，用数学来表示，即

$$S_{团} \neq \sum S_{个}$$

研究表明，团队学习能力的大小是成员沟通力与学习力乘积之矢量和，即

$$\vec{S}_{团} = \sum C \cdot \vec{S}_{个}$$

其中，$S_{团}$——团队学习力、$S_{个}$——个人学习力、C——沟通力系数。用矢

量代表学习方向是符合其物理意义的。

从上面的公式可以看出，决定团队学习能力大小的有 3 个要素：个人学习力、沟通力和学习方向，其中个人学习力即个人思维力。要想提升团队学习能力，不仅要提升个人学习力，还要提升个人与团队的沟通协调能力，并保证个人学习方向与团队学习方向一致。团队成员只有对学习目标达成共识才能使学习方向一致。

德国科学家瑞格尔曼的拉绳实验告诉我们：在群体组织中，并不必然得出 1+1>2 的结果。实验是将参与测试者分成 4 组，每组人数分别为 1 人、2 人、3 人和 8 人。瑞格尔曼要求各组用尽全力拉绳，同时用灵敏的测力器分别测量拉力。测量的结果有些出人意料：2 人组的拉力只为 2 人单独拉绳时拉力总和的 95%，3 人组的拉力只是 3 人单独拉绳时拉力总和的 85%，而 8 人组的拉力则降到 8 人单独拉绳时拉力总和的 49%。也就是说，合力取决于每个人出力的大小、方向及成员之间的协同能力。

为什么说团队学习与组织学习只是量的增加而非质的改变呢？因为，团队是组织的基本单位，团队学习是组织学习的基本单元。团队学习是指团队成员沟通下的学习。组织学习（用 $S_组$ 表示组织学习力）是指组织内部各个成员、团队、部门沟通下的学习，及与组织相关外部成员、团队、部门、组织沟通下的学习，即

$$\overrightarrow{S_组} = \sum C_1 \cdot \overrightarrow{S_团} + \sum C_2 \cdot \overrightarrow{S_个}$$

从上式可以看出，团队学习是提升组织学习能力的关键，只要将团队学习能力提高了，组织学习能力就可以获得提高。

三、要从 3 个方面提升团队学习能力

团队学习能力不是团队成员个人学习能力的简单叠加，因为影响个人学习能力的要素是思维能力。影响团队与组织学习能力的核心要素是 3 个：思维能力、成员及部门的沟通协调能力、成员及部门对学习目的的共识度（即学习方向），如图 1-4 所示。

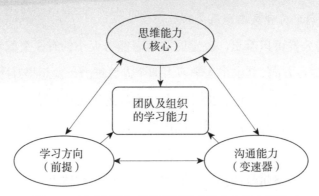

图1-4　影响团队与组织学习能力的3个核心要素

要素1：思维能力是所有学习能力的核心

广义地讲，学习的目的是认识世界和改造世界。无论是认识世界还是改造世界，都是依靠人类的思维能力来想明白世界是什么、为什么和如何形成的，也就是说思维力就是发现问题、分析问题及解决问题的能力。简单地说，思维就是想，思维方式就是怎么想，思维能力就是想得是否有效。先进的思维方式使我们能够更好地、更有效地认识世界和改造世界。

迄今为止，人类找到了两种具有普遍意义的（即在哲学层面上）、先进的思维方式，它们就是系统思维和科学思维。

所谓系统思维，就是把认识对象作为系统，从系统和要素、要素和要素、系统和环境的相互联系、相互作用中综合地考察认识对象的一种思维方法。系统是一个概念，反映了人们对事物的认识论，即系统是由两个或两个以上的元素相结合的有机整体，系统的整体不等于局部的简单相加。这一概念揭示了客观世界的本质属性，有无限丰富的内涵和外延。系统思维作为一种普遍的方法论，是迄今为止人类所掌握的最高级思维方式之一，它能极大地简化人们对事物的认知，给我们带来整体观。《易经》中有最古老的系统思维方法，建立了最早的模型与演绎方法，这是我们中国人的文化精髓及对人类认识世界、改造世界的巨大贡献。中国人的系统思维，是使中华文明绵延五千年不间断的根本原因之一。

所谓科学思维，就是求真的思维，追求的是相对真理。基本的方法是界定一个系统，确定边界、初始条件或理论假设，然后用严密的逻辑推导或千百万次的仿真实验，得出事物运动的规律。应该特别注意的是，边界、初始条件或理论假设，一般是大家公认的，但可能不是完全正确的，而且边界或初始条件会随着事物的发展发生改变，因此，科学思维得到的真理是相对的。科学思维作为一种普遍的方法论，和系统思维一样，也是迄今为止人类所掌握的高级的思维方式之一，它精准地得到了一定条件下事物运动的规律。如果说系统思维是人类认识事物的望远镜，那么科学思维就是显微镜，它能告知世界的真相。科学思维源于西方人的分割思维，核心是逻辑思维。正是科学思维产生了近代科学，又因为科学才产生了工业革命，这使西方从大约200年前超越了东方，并延续到今天。这种思维方式源于西方，我们中国人普遍缺乏科学思维，尤其在社科及人文领域更为缺乏。这使得我们的社会管理相对粗放，效能不高。对社会的精英层，尤其是各级领导干部进行科学思维的培训，是实现国家富强、民族复兴的迫切需要。

两种思维方式缺一不可，相互补充，同时使用可以使我们的思维能力获得极大的提高（见表1-1）。系统思维与科学思维的根本区别在于：系统思维是一种忽略边界条件（或称初始条件、前提条件、假设条件）的认识论，而科学思维是界定边界条件的认识论。从这个意义上说，系统思维是宏观整体认识视角，而科学思维是微观局部认识视角。这里的宏观与微观并不是指研究对象物理意义上的大小，而是一种抽象表述。例如，西方的宏观经济学与微观经济学都是科学，有前提假设，其中的宏观与微观都是指事物的大小，与我们讲的宏观与微观不同。另外，系统思维与系统论不同，系统论是将系统思维科学化，是一门具体的科学学科，它是研究特定系统下的系统性规律，是有边界条件的。

表 1-1   系统思维与科学思维缺一不可

项　　目	本质特征	核心特性	认识视角	认识工具	根本区别
系统思维	整体性	联系性	宏观	望远镜	忽略边界
科学思维	真实性	逻辑性	微观	显微镜	界定边界

　　值得一提的是，学习系统思维和科学思维的思维方式，并不是让我们去学系统学或是某一种科学学科，而是要学习系统思维和科学思维普遍的方法论，建立起系统思维和科学思维的世界观，以指导我们的思想及行为，更好地学习、工作和生活。这两种方法论不仅要让我们的精英层补课并掌握，还应该从小学起，作为中小学的必修课，以提升中国人的思维能力。

要素 2：沟通能力是团队及组织学习能力的变速器

　　团队及组织学习是沟通下的学习，团队及组织沟通能力的大小决定其学习能力的强弱，所以沟通能力是团队及组织学习能力的变速器。

　　沟通能力就是与他人进行有效的沟通信息的能力。构成沟通能力有两个因素：其一是思维是否清晰，能否有效地收集信息，并作出有逻辑的分析和判断。其二是表达是否准确，能否贴切地表达出自己的思维过程和结果（见图 1-5）。与表达相比，思维更重要，没有思维的基础，再好的语言表达技巧，也不可能得到期望的沟通结果。

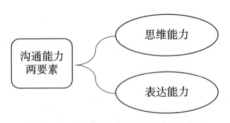

图 1-5　影响沟通能力的两个要素

　　既然影响沟通能力的两个要素是思维与表达，那么，沟通就有两个层面，即思维的交流和语言的交流。一般人只重视语言的交流，但如果不了解对方的思维，那么你讲得再清楚，也难以达到沟通的目的。所以，沟通能力强，有个重要的前提，就是能实时把握对方的思维，提前作出反应，使彼此的交流从语言层面上升到思维层面。

因此，在团队学习时，首先要创建思维交流顺畅的环境，再提供语言交流顺畅的条件，这样才能提高团队成员的沟通能力。

先考虑影响团队思维交流顺畅的主要因素：①思维的方向是否一致，即学习的目标是否达成共识，如果团队成员的学习目标没有形成共识，那么思维的方向就不一致，沟通起来就困难。②团队成员个人的思维能力差别不应该太大，如果差别太大，思维能力差的人将难以理解思维能力强的人的思想，这样也会造成沟通困难。③某些团队成员由于心理防卫而不愿意暴露其真实思想，使别人难以了解其意图，这也会造成沟通失败。

再考虑影响团队语言交流顺畅的主要因素：①团队成员必须使用相同的语言，特别是相同的思维工具、专业术语及思维逻辑。②团队成员个人的语言表达能力也影响沟通水平。

综上所述，我们在开展团队及组织学习时，必须针对以上各影响要素：①使组织成员在学习目标上形成共识。②用好的思维方式提升成员的思维能力。③创建相对安全的学习氛围，使人可以讲真话。④提前设计团队学习的组织形式，使成员可以在高效的学习环境下有效沟通。⑤提升成员的专业水平及表达能力。

要素3：学习方向一致是团队及组织学习有效的前提

学习方向是指学习目标，个人学习的学习目标是默认的。但是团队或组织学习时，学习目标并不能自动获得所有成员的确认，学习目标不明确或达不成共识，会造成学习方向不一致，因为团队学习能力是在沟通能力作用下个人学习能力的矢量和，成员学习方向的不一致，弱化了团队学习，造成 $1+1<2$ 的结果。因此，在开展团队或组织学习时，首要任务是明确学习目标，并达成共识，即将成员的学习方向调整到团队或组织的学习方向上来。所以说，团队及组织学习有效的前提是学习方向要一致。

在现实社会中，大量的组织都忽视了这个前提条件，默认为学习方向是一致的，直接从问题出发进行学习。为了解决问题而解决问题，而不是为了达成目标而解决问题。殊不知有可能要解决的问题，根本就不是真正的问题。

什么是组织真正的问题？答案是组织的目标与现状的差距，如图 1-6 所示。例如，我国在 2008 年金融危机时的经济发展目标是"保 8"，即保持经济发展速度在 8% 以上。在这个目标下产生的问题，与 2019 年制定的保持在 6%~6.5% 的经济发展目标所产生的问题，是完全不同的。目标不一样，问题就不一样，对策也不一样。以大家耳熟能详的《西游记》取经团队为例，更能说明这个问题，如果将西天取经这个目标改变了，那么在取经路上遭遇的九九八十一难就不存在了。目标改变了，组织的问题也会改变。

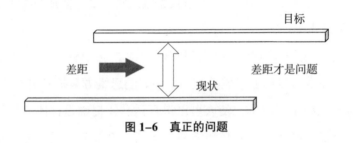

图 1-6　真正的问题

从问题出发，可能问题根本不是团队或组织真正的问题。它可能是个人问题，或是局部问题，或是问题的原因，又或是由于以前解决的历史问题而产生的问题。简单地从问题出发可能导致我们不能系统地、科学地解决组织的真实问题。

所以，团队或组织学习是要在目标达成共识的基础上，然后聚焦主要和亟待解决的问题去加以解决。因此，团队或组织学习是以目标为导向的，而不是以问题为导向的。现实中，我们可能首先发现了问题，但是不能直接就思考解决方法，而是要先回到原点，找到初衷，对标组织目标，确认是不是组织真正的问题，之后才寻找产生问题的原因并加以解决。"不忘初心，牢记使命"主题教育活动非常符合这一原则，"不忘初心"就是回到原点，"牢记使命"就是组织目标达成一致，这是以目标为导向的学习。

领导决定组织学习能力的大小

说到学习，普遍认为是个人的事情，与团队或组织的领导关系不大，这是因为将团队或组织学习看成了大家在一起的学习。人在一起，而思想没有沟通的学习是大家在一起的个人学习，而不是真正的团队或组织学习。这种学习与个人相关，与领导关系确实不大，对组织的作用也不是很大。我们将真正的团队或组织学习定义为成员沟通下的学习，这样的学习就与领导密不可分了。我们从领导及领导力的概念出发，可以发现开展真正的团队学习是一种有效的领导行为。通过进一步分析领导对团队或组织学习能力提升的职责与作用，以及团队学习对领导力的反作用，可以说明团队及组织的学习能力是由其领导决定的，也就是说，组织进步取决于领导。

一、领导及领导力

在证明领导对其团队或组织学习能力起决定性作用之前，有必要明确领导及领导力是什么及与团队学习的关系。

1.真正的团队学习是一种领导行为

领导是在一定的条件下，指引和影响个人或组织，实现某种目标的行为过程。其中，把实施指引和影响的人称为领导，把接受指引和影响的人称为被领导，一定的条件是指所处的环境因素。领导的本质是人与人之间的互动过程。

（1）要把"领导"与"领导者"区别开来。在英语里，"领导（lead）"与"领导者（leader）"是两个不同的单词。在汉语里，"领导"既是名词又是动词，既把领导者称为领导，也把领导者的行为称为领导。实际上领导者是实施领导行为的人，而领导则是领导者实施领导行为的过程。领导行为是关键，正是领导行为造就了领导者。凡是实施了领导行为的人（即便他不是上级指派的"领导者"）都是真正意义上的领导者。换句话说，处于"领导者"岗位上的人的行为并非一定属于领导行为，而处于非"领导者"岗位上的人的行为也并非都不属于领导行为。"一个新来的司局长充其量只是单位的'头'，他能否变成'领导者'取决于他的所作所为和被领导者对其所作所为的感觉"，这句话说明了领导者和领导的本质和内在联系，及领导者对被领导者的影响。

（2）领导行为是一种动态过程。这个过程由 3 个相关的因素构成，即领导、被领导和组织环境。其中，领导是起主导作用的因素，被领导者、组织环境是影响领导有效性的重要因素。领导行为是由这 3 个因素组成的复合函数，用公式表示为

$$领导行为 =f（领导，被领导者，组织环境）$$

因此，研究领导行为时，必须充分考虑各种因素的作用及相互关系。在这里，特别强调的是领导的本质是人与人之间的互动过程，互动即沟通，因此领导的灵魂是沟通。

（3）领导是有目标的活动。领导行为的目标是领导指引和影响被领导者实现团体或组织的目标。

团队学习是沟通下的学习，团队学习的灵魂是沟通；团队学习又是发展团体成员整体协调与实现共同目标能力的过程，团队学习是以目标为导向的活动。从这两点可以看出团队学习与领导行为的一致性，真正的团队学习就是一种领导行为。

2. 团队学习能力是领导力的体现

领导力的定义十分繁多，各种定义都包含了 3 个要素：影响他人的过程、领导的行为特征和环境条件对领导行为的影响。因此，我们可以这样定义领导力（leadership）：一定的条件下，领导影响追随者实现目标的能力及过程。

领导力的核心是影响他人的能力，即影响力。这种影响力是领导依据环境条件通过一系列的领导行为来作用的，这些领导行为体现了个人的性格特征、能力素质及价值观。有西方学者通过对数以千计卓越领导的实践进行研究发现，每位卓越领导的性格特征各不相同，但却有 5 种共同的行为特征：以身作则、共启愿景、挑战现状、使众人行、激励人心。为此，他们构建了卓越领导行为模型，

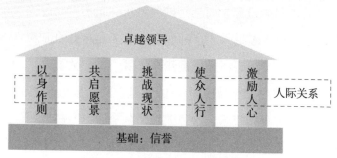

图1-7　卓越领导五个习惯行为

如图1-7所示。

这5种行为特征彰显了卓越领导的影响力。以身作则就是通过领导个人的参与及行动，为自己赢得领导的权力和尊重，因为人们首先追随领导个人，然后才是事业。共启愿景就是领导能够抓住某种未来具有吸引力的机会和梦想，同时相信并有能力去实现它，而且能激活他人也相信并能实现它。挑战现状就是找出现状与梦想的差距，也就是问题，通过学习和实践解决这些问题，学习和实践不仅是领导的个人行为，更是领导引导其团队成员进行的组织行为，也就是团队学习与实践。使众人行就是领导在团队或组织中能够建立起信任与合作的氛围，通过有效授权使所有人有条不紊地向着目标奋进。实践证明这种信任与合作关系只有在目标达成高度共识的条件下才可以建立，所以开展真正的团队学习是建立这种关系的有效手段。激励人心就是领导要鼓励其追随者持续前行，将表扬成员的贡献当成领导工作的一部分，要从行动上把奖励与业绩联系起来，并保证让所有人看到。

大部分研究领导力的学者从影响力来研究，这就涉及领导者的个人特质，但是这些特质很难衡量。于是，大家发现能够衡量领导力大小的指标是领导实现组织目标的结果，为此西方领导力学者发现了1个有效的领导力公式为

$$领导力 = 特质 \times 结果$$

因此，领导在行动之前，应学习了解产生好的结果的前人所具有的特质。而在行动产生了结果之后，应反思是什么特质造成这样的结果。整个过程都是不断认识、实践、反思、再实践的学习过程，在其中不断地提升领导力。这个学习过

程不仅是领导个人学习的过程，而且是带领团队一起学习的过程，在不断地对标过程中，团队学习能力不断提升，这种提升体现了领导力的提升。

二、领导对团队学习能力提升的责任与作用

社会上普遍认为团队和组织的学习能力是由团队成员个人的学习能力决定的，因此和其领导没有直接联系，这是关于团队学习一个极大的认识误区。从团队和组织学习的定义及影响团队和组织学习能力的 3 个要素来看，领导对团队及组织学习能力的提升起决定性的作用，并有不可推卸的责任。

1. 团队和组织的基本能力由其领导决定

任何团队或组织都有生存、竞合、管理、学习四大基本能力，其中学习能力是基础。

根据享誉西方的领导力和人际关系大师约翰·麦克斯韦尔（John C.Maxwell）所著的《领导力 21 法则》中的盖子法则可知，领导力是个人及团队办事成效的盖子，如果领导能力强，盖子就高，反之，团队的发展潜力便会受到限制。也就是说，领导力的大小决定了团队或组织的基本能力大小。正如约翰·麦克斯韦尔所指出的那样："凡事之兴衰成败皆系于领导！"学习能力是基本能力之一，领导也就决定了团队或组织的学习能力。

2. 团队学习的 3 个要素也由领导决定

团队学习的 3 个要素几乎都是由领导决定的。

（1）领导是一个团队或组织的大脑，学习能力就是思维能力，思维是由大脑来支配的，从这个角度来讲，领导的思维决定了组织的思维，因此也决定了组织的学习能力。成员的个人思维力也必须由领导的引导才能对组织发挥作用。如果没有好领导，成员个人的学习思维能力再强也无用武之地。

（2）团队学习中的沟通与协调也是由领导组织进行的。一次团队或组织学习的议题、目的、时间、地点和人员等因素都是由领导决定的，领导需要协调这些关系。

（3）团队的学习方向即目标是由领导决定的。领导不仅要确立目标，而且要通过团队学习使大家对目标达成共识。

从以上三方面来看，团队或组织的领导对其学习能力提升有着不可推卸的责任，领导是其团队或组织学习能力的第一责任人。

3. 团队或组织学习能力是由领导的领导力决定的

领导个人的学习能力不能决定团队或组织的学习能力，团队或组织学习能力的提升远不是领导把自身的学习能力或其成员个人学习能力提升了就可以的事情，团队或组织学习能力是由其领导力决定的。

领导的责任是什么？归结起来，领导主要干两件事：定目标和带队伍。正如毛泽东所指出的："领导的责任，归结起来，主要是出主意、用干部两件事。"

领导出的主意是大主意，是战略，是方向，是目标。主意的好坏决定了组织的兴衰。如果用主意作为团队学习的目标，领导让其成员能否共识这个目标体现了其领导力的强弱。

领导用干部就是带队伍，带队伍主要指两方面：思想及行动。思想上是指意愿，即团队或组织成员是否愿意追随其领导，与领导提出的目标形成共识，并主动积极地去行动。行动上是指能力，即团队或组织成员能否将领导的战略或目标变成现实。因此，领导带队伍的任务就是使成员心甘情愿地追随领导，认同和明确领导的战略意图，将战略意图转化为可执行的工作流程、路径和方法，并积极主动地去落实，最终达成目标。领导通过团队学习的沟通职能，可以有效地统一学习方向，并用系统、科学、同步思维方法，制定可执行的工作流程、路径和方法。这样既完成了带队伍的任务又提升了团队或组织的学习能力。

三、团队学习与领导力突破

团队学习与领导力突破说的是团队学习对领导力的反作用，表现在以下 4 个方面。

1. 对领导决策的作用

团队学习对领导决策的作用，不是说团队学习可以代替领导决策，而是可以帮助领导决策。①决策前的广泛征求意见可以通过团队学习进行，有效的团队学习可以获得团队成员真实的想法。②团队学习打开了领导决策的思路，通过集思广益可以扩展领导决策的高度、深度及广度，避免或少犯由于局限思维造成的主观主义错误。③团队学习可以提高领导决策的科学化、系统化水平。

2. 对共识目标的作用

团队学习对共识目标的作用由团队学习的内涵决定。团队学习的前提是要使成员对学习目标达成共识，即大家的学习方向要一致，否则就会削弱甚至破坏团队学习。所以只要开展了真正有效的团队学习，就可以有效地促进成员对组织目标的共识，对于组织的发展和进步起到决定性的作用。

3. 对团队建设的作用

团队建设最有效的手段是团队学习。真正的团队是建立在共同目标并充分沟通协调基础上的，而不是挂在墙上的标语和嘴上的口号，是成员心在一起而不是仅仅人在一起，是命运共同体而不是貌合神离的团伙。只有真正的团队学习才能将团队建设起来。团队学习是因，团队建设是果，离开了团队学习的团队建设就是无源之水、无本之木。

4. 对沟通协调的作用

团队学习对沟通协调的作用是由团队学习的定义和内涵决定的。团队学习是沟通下的学习，沟通是团队学习的应有之义。团队及组织能够开展真正有效的团队学习，就能够使组织的成员及部门有效沟通，提高个人与组织的沟通能力，促进组织高效地运营和发展。

 结语

团队及组织学习与个人学习截然不同，有本质区别。团队及组织学习能力由思维力、沟通力及学习方向 3 个因素决定，而不是像个人学习能力只受思维力决定。组织领导的领导力决定了组织学习能力的大小，要将提升组织学习能力与提升组织领导的领导力结合起来，作为一项基础性、战略性的工作来抓。组织学习能力是组织的四大基本能力的基础，决定了组织的进步与发展。目前，各类组织的学习能力普遍较低，严重制约组织的快速发展和进步，提升组织学习能力迫在眉睫。

第二章　团队学习的四大难点

 思维导图

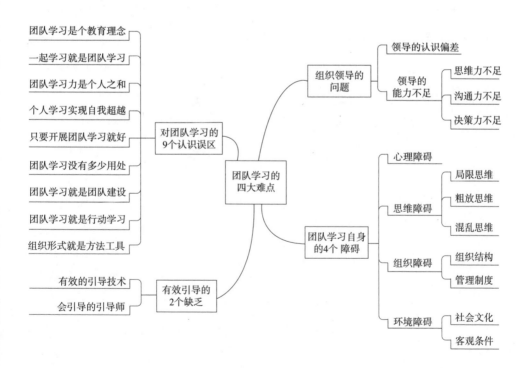

　　为什么组织的学习能力普遍低下？现实中的团队或组织学习大多是不良的集体学习，不能有效地促进组织进步，甚至对组织有破坏作用。研究发现，组织学习能力低下的原因存在于"知"与"行"的四大难点中：①对团队及组织学习的认识方面存在认识误区。②团队及组织领导的认识与能力，制约团队及组织学习能力的提升。③团队及组织学习是沟通下的学习，沟通存在着诸多主客观障碍，因此团队及组织学习本身有许多障碍。④团队及组织学习无法在自发状态下开展，必须在开始时有理解团队学习的要义并掌握引导技术的引导师来引导，而现实生活中能够正确有效地引导团队学习的引导师十分少，也就是缺乏有效引导技术及掌握这种技术的引导师。以上四大难点造成在现实中，不管是政界、商界，还是学界，真正成为学习型组织的团体和组织少之又少，而建成终生学习型组织的更是难觅其宗。

不良的团队学习

许多人认为，只要开展团队学习就是好的，这是一种认识误区。实际上，在现实的工作与学习中开展的团队或组织学习大多都不太良好，要么浪费时间，要么效果不佳，甚至引发争斗破坏团结，不仅不能建设团队，还会破坏团队。这也是团队学习能力普遍低下的一种表现。

一、一般的集体学习研讨中产生的问题

在现实的工作学习中，一般的集体学习研讨中产生的问题，如图 2-1 所示。

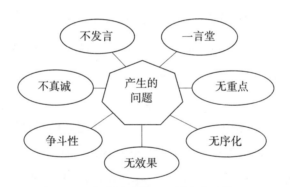

图 2-1　一般的集体学习研讨中产生的问题

1. 一言堂

一言堂是指在研讨时或会议上由强势的人，常常是领导说了算，其他人依附顺从或沉默的研讨模式。一言堂在旧时指商店表示不二价的匾，现今比喻领导缺乏民主作风，独断专行，一人说了算的封建家长制作风。

一言堂的组织学习不能激发组织成员的积极性与创造性，不能产生有效沟通，不能集思广益发挥集体的聪明才智，不能使成员心甘情愿地认可领导的意图，

不能使组织真正地开展学习，不能促进组织的进步。

一言堂是领导领导力不足的表现，领导力的核心是影响力，一言堂的领导影响力有限，只能靠职权来推动下属行动。

2. 无重点

无重点是指在研讨时或会议上议题发散，议题不聚焦没有重点，或研讨思路发散，东拉西扯，离题万里。这种研讨缺乏系统性和科学性，逻辑性差，学习能力低下。这种研讨或会议常常不了了之。

3. 无序化

无序化指的是研讨步骤不清晰，研讨思路混乱，成员的思维不同步。无序化使团队及组织成员沟通困难，不在同一层面上思维，容易进入鸡同鸭讲的窘境。

4. 无效果

无效果是指研讨结果没有达到预期目标，不能解决问题，浪费时间和精力。无效果的研讨一定是不能有效开展团队学习，但是有效开展了团队学习不一定就有效果。换句话是，不能有效开展团队学习的研讨常常是无效果的研讨。

5. 争斗性

争斗性是说研讨过程中出现的对抗状态，从起初的对事讨论，变成对发言者观点对错的争论，继而演变成对人的判断与评价，甚至上升到人身攻击。争斗性产生的直接原因是观点不同，但引发恶性争斗的常常是利益。每个人在组织中的地位及关系不同，每个人的经历和学识也不同，因此对事物的观点与视角就不同，团队学习如果不规避这种有害的争斗，就有可能破坏团队建设。但是不能害怕争斗而停止思想交流，因此必须使团队成员将研讨的关注点集中在大家说了什么而不是谁说的，另外要设计好集体思维结构，使大家同步思维以免误解他人，促进有效的沟通交流。

争斗性也从另一角度说明，统一思想是一种无效及有害的管理行为。思想是无法统一的，每个人的思想都不同，团队或组织学习的前提和目的不是统一思想，而是要共识目标。

6. 不真诚

不真诚是指在研讨时或会议上不讲真话，而讲空话、大话、套话或假话，不说出真实意图。不讲真话是害怕自己的利益受损而作出的心理防卫，或怕得罪人，或怕暴露自己的弱点。由于团队学习是沟通下的学习，沟通必须真诚才能使别人了解其真实想法，不真诚使得团队学习无法有效地开展下去。

7. 不发言

不发言是指在研讨时或会议上沉默，为了保护自身利益，既不想讲假大空话，又不想讲真话，于是就以沉默来应对。这也是习惯性防卫的一种表现形式。

二、对个人与组织的负面影响

上述不良现象不仅不能促进个人及组织的进步，还会产生很大的负面作用。

1. 一言堂破坏组织的民主氛围

一言堂破坏组织的民主氛围，使"唯上"成为组织的习惯。这种奴性作风严重遏制了创新的发展。同时，一言堂领导本身也局限在个人的思想行为及过往经验中难以超越，最终停滞不前。

2. 无序无果使人认为团队学习无用

集体思维混乱无序、研讨内容杂乱无章、研讨结果没有效用、研讨拖拉浪费时间、闲杂无关人员参会等现象充斥在各种不良的团队或组织学习中，这样的学习使人觉得团队学习没有用，对探索和掌握真正有效的团队学习失去动力和兴趣，同时也无法提升组织学习能力。

3. 不讲真话使组织内部不能有效沟通

因为习惯性防卫导致的不讲真话，使组织成员间沟通受阻。成员之间无法了解彼方真实的思想，组织的执行力下降。成员之间误解与猜忌泛滥，组织潜规则盛行。

4. 争斗性破坏组织团结

争斗性不仅使团队学习无法成为团队建设的有力工具和途径，而且还会破坏团结，破坏组织建设，给组织造成巨大的危害。

在不良的团队或组织学习中，普遍存在着两种似是而非的低效行为方式。

（1）"统一思想"的做法是一种无效的管理行为和不良的团队学习。其一，思想存在于每个人的头脑中，如果当事人不愿讲真话，别人是无法了解其真实思想的，所以是否统一了思想是无法真实地检验出来的，无法检验的管理行为是一种无效的管理行为。其二，每个人的背景经历不同，思想认识也不同，统一在一种思想上是不可能做到的，这种达不到目的的做法也是枉费的做法。其三，人类的思想有其局限，没有绝对真理，只有相对条件下的真理，条件变化了，原有的真理也会变化，统一在一种思想下就有可能禁锢在一定条件下的真理中，并把这种相对真理变成绝对真理，使思想僵化，影响组织成员的创新，因此这种做法是一种有害行为。相对"统一思想"的正确的管理行为及有效的团队学习是"共识目标"，战争时期中国共产党军队强大的战斗力来自其成员对革命目标的高度共识，而不是思想的统一。

（2）批评与自我批评的做法是在一定条件下的有效方式，现实条件下不太适用且有很大的副作用。批评与自我批评作为我党三大优良传统作风之一，战争年代起到了巨大的作用，为促进党内建设和进步作出贡献，但是也有一定的不良反应。批评与自我批评必须是在团队及组织目标高度共识的条件下才能发挥其有益的作用。如果条件不具备，批评与自我批评的负面作用就起决定作用，引发团队或组织的不团结与争斗，甚至利用这一武器拉帮结派进行残酷斗争与无情打击。

批评与自我批评之所以会有负面作用，关键在于人性。一般人是不愿意接受批评的，因为每个人的心智模式大多是默认和肯定自己的思想与行为，这样才有行动的自信，一直在自我怀疑中就无法行动。只有目标和利益高度一致时的善意批评才可以接受，但是在对方意图不明时，就会本能地拒绝。

批评与自我批评的本意是发现不足并改正以促进个人与组织进步，如果有更好的且没有这么大副作用的方法也能达到目标，那么就可以避免使用批评与自我批评。建立了有效的共享—反思—行动学习机制的团队学习，可以使主动反思自我的机制产生，通过探寻他人而反思自我，从而发现不足，主动改正，取得进步。这既达到了批评与自我批评的目的，又不会产生副作用，不但不会破坏团结，还能增进相互了解与沟通，促进组织建设。所以相对于批评与自我批评的更好的方法是开展有效的团队学习。

难点1： 对团队学习的9个认识误区

思想是行动的先导，想不到便做不到。团队学习之所以学不好，与对团队学习的认识误区密切相关。

误区 1：团队学习是个教育理念

大家普遍认为团队学习属于学习范畴，所以是教育培训的理念。教育培训主要是针对个人学习，教育使人认知，主要学知识，即"知"，培训使人懂技巧，主要提能力，即"行"。不管是教育还是培训，都是针对个人学习这种个人行为。而团队学习不是个人行为而是组织行为，它不是使个人知与行，而是使团队或组织知与行。实际上团队学习是组织实现协调职能的管理途径、组织行为、行为过程。因此，团队学习是一种组织管理的理念和方法，而不仅仅是教育理念，它将干部教育培训的工作边界扩展到了管理的领域（见图 2-2）。

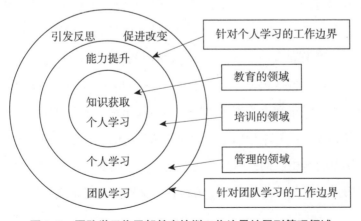

图 2-2　团队学习将干部教育培训工作边界扩展到管理领域

不能认识这个问题，就无法打开干部集中培训的工作空间并扩大工作边界，只能局限在教育和培训的范畴内思考问题，无法创新干部培训的理念。

不能认识这个问题，也无法将团队学习引申到组织的日常管理工作中，作为一种组织管理的手段与方法来促进个人与组织的进步。

不能认识这个问题，还使组织的领导认为团队学习与领导关系不大，不知道团队或组织学习能力是由领导的领导力所决定的。

对团队或组织领导而言，走出这个误区的关键在于审视团队学习的内涵，将开展有效的团队学习当作团队建设的手段与方法，当作战略制定的辅助参考，当作领导力提升的有效途径。

对从事干部培训的工作者而言，走出这个误区的关键在于要跳出培训来看培训。由于团队学习是组织行为而不是个人行为，在培训中开展团队学习就超出了培训工作范围，延伸至管理的工作领域。认识到这一点，就会将管理学的相关原理和规律有意识地应用在干部培训工作中，如组织行为学方面的基本原理和管理准则等。

误区 2：一起学习就是团队学习

团队成员一起学习就是团队学习，这是非常普遍的认识误区，甚至很多搞培训的人也是这样想的。这个认识误区源于对团队学习的内涵不甚清楚。团队成员都在学习，但是没有沟通与合作，就不是团队学习，而只是团队成员一起进行的个人学习。这样的学习无法达到团队学习的目的，也不能发挥团队学习的作用。将一起学习等同于团队学习，使个人学习和团队学习的目的难以分清，造成组织需求、岗位需求和个人需求难以厘清，甚至相互矛盾和不能兼顾。

造成这个认识误区的根本原因是不了解团队学习的核心是沟通下的学习。团队学习与个人学习的本质区别，不是表面上是否在一起的存在形态，而是思想是否交流的意识形态。因此，团队是否学习得好，关键是看团队成员沟通的程度深浅和质量高低。

误区 3：团队学习力是个人之和

许多人想当然地认为团队或组织学习能力就是其成员个人学习能力之和，所以也想当然地认为提升团队或组织学习能力的方法就是提升其成员的个人学习能力，这种认识与做法使得团队或组织学习能力无法得到有效提升。传统干部集中培训的做法就是着眼于提升干部个人学习能力，这种培训并没有对组织进步有明显的作用，因此在干部培训中存在着大量的形式主义和资源浪费。

造成这个认识误区的根本原因是不知道影响个人学习能力的要素与影响团队或组织学习能力的要素不同。由于影响要素的不同使个人学习能力与团队学习能力具有本质区别，因此提升学习能力的方法也不相同，提升团队学习能力远比提升个人学习能力困难得多。提升个人学习能力的关键有 1 个，即思维力的提升，而提升团队学习能力的关键有 3 个，除了提升思维能力，还要提升沟通与协调能力，以及要使成员共识目标即协调学习方向一致。

误区 4：个人学习实现自我超越

有人认为实现自我超越只靠个人学习就可以完成。实际上，靠个人学习实现自我超越不是不可能，而是比较困难。不管是个人学习还是团队或组织学习，都是向他人学习。个人学习是向他人学习，而团队或组织学习是针对现实正在发生的并且是本人正在参与的活动的学习。因此，团队或组织学习对每个学习者的针对性和时效性更强，对学习者的触动也更强，更易触发反思与改变，学习者发生自我超越就更容易。

实现自我超越需要认识与突破自我的心智模式，但是心智模式靠个人学习难以认识与突破。每个人的心智模式必须靠与别人的沟通才能意识到，就像通过镜子才能看到自己一样。只有通过团队学习，才能反思认识自我并实现自我超越。

人的心智模式默认是肯定自我的。自我感觉良好是常态，自我否定是病态。

所以圣人强调一天三省，对常人来说很难做到。靠个人学习难以主动反思自我不足，因此也难以改变及实现自我超越。

谈到克服心智模式实现自我超越，就必须了解"圣吉模型"。彼得·圣吉在他的著作《第五项修炼：学习型组织的艺术与实践》中提出了创建学习型组织的五项技术——自我超越、改善心智模式、共同愿景、团队学习和系统思考。"五项修炼"被管理学界称为建立学习型组织的"圣吉模型"（见图2-3）。

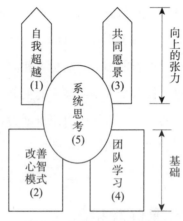

图2-3　圣吉五项修炼模型

"五项修炼"的内容包括：

（1）自我超越——个人学习的动力。

（2）改善心智模式——个人学习的本质。

（3）共同愿景——组织学习的动力。

（4）团队学习——组织学习的本质。

（5）系统思考——系统的思维方式。

前2项修炼解决了个人层面学习的动力及本质的问题，第3~4项修炼解决了团队学习的动力及本质的问题。最后一项修炼，是组织能够进行系统思考，这是五项修炼的核心。

圣吉认为，系统观念与系统思考是学习型组织理论的核心。学习的基本意义和目的就是创新，系统思考正是一种综合与创造的方法。

"圣吉模型"在西方获得了巨大的成功，但是移植到东方，尤其在中国，成效并不明显。究其原因，与东西方人的思维方式有巨大的差别密切相关：西方人的分割思维导致缺乏系统思维的弱点十分明显，圣吉强调系统思考就是抓住了西方人思维的弊病，因此行之有效。而对中国人来说，系统思维是我们悠久文明之一——易思维的精髓，中国人的思维缺陷在于缺乏科学思维。

我们发现，在"五项修炼"中，中国人最弱的是团队学习。而且，心智模式对团队学习的阻碍远比对个人学习的影响大得多，靠个人学习难以克服。只有通过团队学习，通过探询他人反思自我，才能发现不足，改善自己的心智模式。思维方式上不仅要强调系统思维，更要强调科学思维及同步思维。因此，笔者对"五项修炼"的关系有了进一步的认识，对"圣吉模型"作了修正，以适合中国人的特点，如图2-4所示。

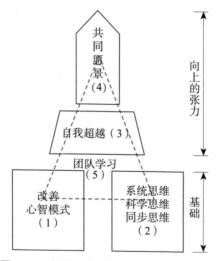

图2-4　适用于中国人的"五项修炼"模型

（1）改善心智模式是克服团队学习的主观障碍，体现了个人学习与团队学习的本质，而不仅仅是个人学习的本质。

（2）系统、科学及同步思维是学习的思维方式，也是个人与组织的世界观和方法论。

（3）自我超越是个人与团队学习的内在动力和目标，而不仅仅是个人学习的动力。

（4）共同愿景是团队学习的最终目的。

（5）团队学习是促进组织进步的根本途径和方法。

总之，通过团队学习，用系统、科学和同步思维的思维方式，克服团队学习的主观障碍，以获得超越个体的团队智慧，达到实现组织共同梦想这一最终目的。从这个意义上讲，团队学习是修炼的修炼，贯穿其他四项修炼，因此团队学习是建设学习型组织的核心和根本方法。

改变这种认识误区，需要获得三点主要认识：①人的心智模式造成个人很难主动自我反思，因此很难意识到自我不足而发生改变从而超越自我。②通过团队学习，可以产生探询他人并反思自我的机制，使反思行为不自觉地发生了，从而引发个人思想上和行为上的改变，促进实现自我超越。③团队学习的针对性与时效性更能引发学习者的反思与改变。

误区 5：只要开展团队学习就好

一些人认为，团队学习都是好的，只要进行团队学习就是好的。但是现实的学习工作中却充斥着大量不良的团队学习，对团队造成伤害。开展这样的团队学习并不比不进行团队学习要好，反而常常是更差。但是，团队学习是沟通下的学习，在组织沟通中不可避免。这就要求领导将团队学习引导到正确的方式上来，积极开展有效的团队学习，让有效的团队学习成为团队建设、组织进步的推动器而不是破坏者。

误区 6：团队学习没有多少用处

由于团队学习很难持续开展，使得社会上真正的学习型组织难以找寻，大量不良的团队学习，使许多人认为团队学习本身没用。实际上，团队学习之所以难以开展，原因在于团队学习本身具有的巨大障碍，正是这个原因使团队学习很难进行下去。笔者通过多年来带的数百个不同类型、不同层次、不同行业的领导干部培训班的实践证明，针对克服团队学习障碍开展的团队学习对提高干部培训质量和效果是非常行之有效的。

认识不到团队学习的障碍，就找不到开展团队学习的有效方法，团队学习就无法有效进行。

只看到团队学习很难开展，而不知道为什么难以开展，使我们对如何开展有效的团队学习束手无策。只有将导致团队学习困难的主要原因抓住且看透，才能找到应对的办法，克服学习困难，积极有效地进行团队学习。

误区 7：团队学习就是团队建设

许多人将团队学习与团队建设混为一谈，认为团队学习就是团队建设。这是将因与果不分，将过程与结果混淆，将方法手段与目标结果混为一谈。

团队学习是组织提高绩效的有效途径和手段，是组织生存和进步的有力法宝。团队学习是团队建设的基础，团队建设是团队学习的结果，团队建设离开团队学习就像无源之水。

团队学习是团队建设的充分必要条件，没有团队学习的团队建设都是浮云。现实中充斥着为团队建设而团队建设的理论与实践，但是这种团队建设的结果是并没有真正将团队建设起来，表现为挂在墙上的标语和挂在嘴上的口号。究其原因就是认识不到团队建设是一种结果，从结果到结果，是没有任何意义的。团队建设是要让团队成员从心里认同团队，具有高度的归属感和凝聚力，而不是外在的组织结构。只有团队成员真心归属团队，迫切希望实现共同愿景，团队才能真正建设起来。

这个认识误区是因为搞不清楚团队学习与团队建设的因果关系造成的。没有认识到团队学习是团队建设的充分必要条件，就会导致团队建设缺乏可落地的实际操作方法和手段，使团队建设成为一句空话。

误区 8：团队学习就是行动学习

近年来，在干部培训中大量引入了行动学习的理念和方法，对提高培训的针对性与实效性有一些效果，但是只是作为促进互动、调节气氛的手段，远远没有成为占主导地位的培训方式。由于行动学习难以在集中培训中有效使用，于是有人也会认为团队学习不好开展。

在现实中，将团队学习与行动学习混为一谈的现象十分普遍。这是对团队学习与行动学习的内涵与初衷认识不清造成的。实际上，团队学习与行动学习不是一回事，两者之间有相同之处，即工作状态下的团队学习是与目前所说的行动学习一致。但两者的内涵与外延不完全相同（见图 2-5）：

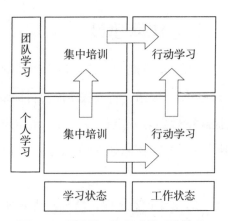

图 2-5　团队学习与行动学习之关系

团队学习是相对于个人学习的一种集体学习形态，强调的是团队。行动学习从广义上讲是一种工作学习形态，相对"学"来讲强调的是"习"，即行动。行动学习就是通过行动实践学习，即在专门以学习为目标的工作环境中，一个真实的工作团队，以组织面临的重要问题做载体，学习者通过对实际工作中的目标、问题、任务、项目等进行处理，从而达到开发人力资源和发展组织的目的。

目前人们说的行动学习特指由英国管理学思想家雷格·雷文斯（Reg Revans）在 1940 年提出的，并将其应用在英格兰和威尔士煤矿业的组织培训中。它是在工作状态下的一种团队学习的组织形式。由于行动学习是在特定组织中工作状态下的学习，所以在干部集中培训中，受到时间、空间、学习主体、内容和经费成本等条件限制，不论是广义的行动学习还是特指的行动学习都很难实施，而且即便可以实施，其要求的条件也很难完全具备，可持续性较差。只有一种行动学习的某一阶段是可以做的，即某一组织发起的行动学习项目中的集中培训阶段，这个阶段和一般的集中培训差不多，实际进行的是团队学习。团队学习不论是学习状态还是工作状态，都是可以大力组织开展的。

团队学习与行动学习既有区别又有联系。①个人学习与团队学习在学习和工作状态下都可以进行。②广义上来说，工作状态下的学习就是行动学习，工作状态下的团队行动学习（一般行动学习特指这种学习）是最有效的团队学习。③学习状态下，很难有效地开展行动学习，因为行动的条件往往不具备。④团队行动学习适用于团队成员具有共同的实际问题，有效的团队行动学习一般都是"一把手"工程。⑤行动学习强调行动，一定有行动方案与行动结果，而团队学习强调团队，在集中培训下由于人员组成及时间限制，不一定必须有结果。因此，作者认为在党校和行政学院等专业干部培训机构，普遍推广行动学习的条件不具备。而这种行动学习中的团队学习方式具有普遍推广和使用的价值。

团队学习与行动学习的区别与联系见表2-1。

表2-1　团队学习与行动学习的区别与联系

项　　目	团队学习	行动学习
要素	3要素：有效思维方式、有效沟通协作、学习方向一致	6要素：除团队学习的3要素外，还有真实的工作团队、有共同具体的问题和目标、有实际行动结果
关系	团队学习包含了行动学习	团队学习的一类组织形式
条件	需要沟通都可组织	工作状态下的团队学习
对应	对应的是个人学习	对应的是学即认知
强调	强调的是团队	强调的是行动（即习）

为什么行动学习在西方获得巨大的成功，而到东方便水土不服？究其根源是东西方思维方式的不同。

西方人的分割思维体现在社会生活的方方面面，尤其表现在文字上，西方人的"学习"是指认知一件事，即 learning。中国人的"学习"是指学与习两件事，即认知与实践，而且密不可分。我国伟大的先贤孔子在《论语》开篇说道："学而时习之，不亦说乎。"说的就是学是为了习，即学以致用。这种思维体现了中国人的系统思维。西方人的学与习是分开的两件事，学是认知，习是练习、使用、行动、实践。为了强调学以致用，规避由于分割思维造成的学用脱节，就产生了行动学习。从这个角度来讲，中国人讲的学习就是西方人的行动学习。因此，对中国人而言，学与习本来就是连在一起的，再强调行动的意义不大，所以行动学习在中国没有取得像西方那样的影响与效果。

这个认识误区的产生是因为对团队学习与行动学习的概念认识不清，对东西方思维方式的不同认识不清，对团队学习与行动学习的内涵与外延不明造成的。这种认识导致忽视了开展团队学习与行动学习的必要条件。西方说的行动学习是工作状态下的团队学习，在集中培训中难以实施，因此在干部集中培训中，不分条件盲目开展行动学习，是难以持续进行并普遍推广的。

误区 9：组织形式就是方法工具

将团队学习的组织形式与团队学习中使用的思维方法和工具混为一谈，是初期开展有效团队学习的人所犯的通病。

团队学习的组织形式是指学习的组织方式，团队学习的方法工具是指学习时使用的思维方法与工具。它们的关系是：一种组织形式可以使用多种学习工具，一种工具可以用在多种组织形式中。相对而言，组织形式随团队学习的条件不同灵活多变；工具或方法常常是前人的经验总结，比较固定且有一定的逻辑。

将两者混为一谈产生的问题是，在开展团队学习时，不能依据客观条件灵活设计、策划、组织有效的团队学习。因而不能主动创新团队学习的组织形式，最终难以获得期望的效果。

分不清团队学习组织形式与在团队学习中具体使用的方法和工具，会导致实际操作中出现两方面的问题：一方面是为用工具而用工具，而不能依据特定的组织形式灵活使用工具；另一方面是局限在前人的团队学习组织形式中，不能依据现实的条件灵活设计切合实际的团队学习组织形式。

用团队学习的理念认识干部集中培训的教学形式，实际上学员的学习形式有两大类：针对个人学习的讲授式教学及包含团队学习的互动式教学。互动式教学有多种组织形式，目前常用的有热身活动、结构化研讨、课题研究、案例复盘、经验分享、演讲比赛、座谈交流、沙盘演练、情境模拟、案例教学、现场研究、咖啡论坛和学员讲坛等。

在实际工作中也有许多互动交流的工作情境，实际上就是不同的团队学习组织形式：有效会议、行动学习、研讨问题、制定政策、达成共识、反思总结、科研开发、学习习惯和学习平台等。

在世界各地成功的学习型组织中，创造了多种有效的团队学习组织形式，主要有欣赏式探询峰会、合作循环、深度汇谈与商议、开放空间在线、世界咖啡、先贤理事会、同事学习圈、想象力工作室、现实模拟、学习循环、网络实验室、动态规划与专家研讨、情景思考、六西格玛、行动学习、全员参与技术、决策讨论循环、主意会、共识决定、领导力训练馆、探索会议、团队建设、社区峰会、战略论坛、共同愿景、21 世纪城镇会议、社区建设、参与式设计、回放室、授权建设、价值实现行动、合作系统设计、变革支持在线、思维导图室、爵士厅、视觉探索、击鼓咖啡室、人类系统动力学、开放系统理论、多项目自组织、真正的接触和现实模拟等。

在这些互动式教学及工作情境的团队学习组织形式中，依据不同的条件会使用多种思维工具，常用的有头脑风暴法、团体列名法、鱼骨图分析法、思维导图、四副眼镜法、大信封法（小组间的四副眼镜）、六顶思考帽、德尔菲法、团队共创、智慧墙、GROW 模型、SWOT 分析法、SMART 原则、多维分析图、优先矩阵图、PESTEL 分析、三圈理论、学习路径图（一种培训体系规划工具）、事后回顾法（AAR）、工作分解结构（WBS）、工作计划表、里程碑图和 5WHY 分析法等。

难点2：组织领导的问题

由于团队学习力是由团队的思维力、沟通力及学习方向三大要素决定的，而这三个要素主要由团队领导的思维力、沟通力及决策力决定，因此领导的认识和能力就决定了团队学习力。

1. 领导的认识偏差

上述认识误区也是领导的认识偏差。多数领导对团队学习的本质认识不清，认为团队学习就是成员在一起的学习，不管是不是沟通下的学习。把团队学习简单地认知为在一起的学习，就理所当然地认为团队学习力就是成员个人学习力之和，只要提升成员个人的学习力就可以提升团队及组织的学习力了。

有的领导认为组织学习力是成员的事，与领导关系不大，因此对团队学习不重视。笔者在教学培训中做过多次题为"为什么团队学习不能有效开展"的讨论，参加研讨的学员百分之百地将"组织领导不重视"作为一条重要原因提出来，由此可见多数领导认为团队学习对组织进步并不重要。因为他们认为的团队学习根本就不是真正的团队学习，只是成员在一起的个人学习，或是不良沟通下的有害的团队学习。

认为团队学习力与个人学习力一样，只与思维力相关，不知道与沟通力和学习方向的关系，因此只在一方面使力，而忽略了其他两个方面，也不知道团队学习与领导的关系。思想上不重视导致行动上无作为，目前组织学习能力普遍不足的一个重要原因是组织领导的不重视。

2. 领导的能力不足

组织的基本能力与领导密切相关。领导的能力说的是领导力，核心是影响力。团队学习是一种领导行为及领导方法，领导力不足直接造成团队及组织学习能力不足，表现在影响团队学习能力的三要素上。

（1）领导的思维力不足。领导的思维对团队或组织的思维影响最大，可以说，行为是由思维决定的，组织行为主要由领导的思维决定。领导的思维力决定了团队及组织的思维力。领导的思维力不足就使组织的思维力欠缺。又因为个人学习力的核心是思维力，领导的思维力不足实际上就是领导个人的学习力不足，因此，领导的个人学习力对团队的学习力的作用比团队其他成员的个人学习力要大得多。

领导的思维力不足的根源是思维方式不够优秀：一方面是局限思维使得我们不能系统、全面、辩证、动态地看问题，这是系统思维不足的表现；另一方面是粗放思维使得我们不能真实、准确、细致、合理地看问题，这是科学思维不足的表现。

（2）领导的沟通力不足。团队学习是沟通下的学习，沟通主要靠团队及组织的领导来进行。领导的沟通力决定了领导的影响力，也决定了领导的领导力。领导行为通过沟通来实施，没有有效沟通就没有有效领导。没有有效沟通也没有有效的团队学习。

领导的沟通力不足表现在：①在思想认识上。沟通首先需要真诚沟通。领导不想真诚沟通就会造成沟通失败。领导说一套做一套，就得不到下属的信任。领导不能以身作则率先垂范，就没有说服力。②在能力方法上。沟通是有技巧的。领导不讲究方法，简单粗暴，就不能达到有效沟通的目的。

（3）领导的决策力不足。团队学习是有方向的学习，方向是组织既定发展的方向，也是组织的目标，目标是领导者确定的，或者主要是领导者确定的。达成目标需要靠组织领导者一系列的决策来实现。决策水平的高低反映了领导决策能力的强弱。

决策力反映了领导个人业务能力的高低，毛主席认为领导的两个职责是出主意和用干部，出主意就是看领导的决策力，用干部就是考验领导的沟通力。决策力不足实际上就是领导个人的综合素质与能力不足，反映到团队学习能力上，就是不能很好地把握学习的方向与目标。

总之，领导决定了团队学习能力的三要素，领导的思想认识和素质能力决定了团队学习能力的大小。目前，组织学习力低下的一个重要原因源于领导尤其是一把手。

难点3： 团队学习自身的4个障碍

很少见到真正的学习型组织，反而存在着大量的"臭皮匠团队"，即低智商团队。这种团队决策过程主要有两种：一种叫"妄下结论型"，另一种叫"难下结论型"。"妄下结论型"团队的决策过程是：在问题还没取得共识前，就有一位"诸葛亮"（常是领导）提出最初方案，其他人附和，不经过团队学习。"难下结论型"团队决策的过程是：团队中出现了几个"诸葛亮"各不相让，结果不欢而散，没有达成任何共识，也没有任何"学习"发生。

在分析团队学习的障碍之前，我们可以分析一下个人学习的障碍。我们发现，个人学习的障碍受个人主客观条件的限制，如个人的文化程度、思维方式、经验背景、时间场合、物质条件和环境影响等各方面因素。同样，团队学习的障碍也来自团队的主客观原因，只是团队的主客观因素与个人的不完全相同。如图2-6所示，团队学习的障碍包括主客观两方面，主观障碍是团队成员的心理和思维障碍，客观障碍来自组织和环境的影响。

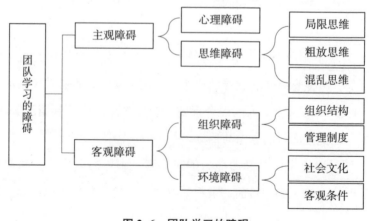

图2-6 团队学习的障碍

障碍 1：心理障碍

主观方面，人们在组织中出于自我保护意识，不说出或不完全说出自己的真实想法，避免思想交锋，用来保护自己或他人不致受窘或感到威胁的一种习惯性做法，形成了"习惯性防卫"，造成团队学习的心理障碍。"习惯性防卫"是缺乏信任的表现，尤其是基于弱点的信任。因为在弱点上信任他人，获得的伤害可能最大。出于保护自我，便选择不信任。于是不说真话，而说大话、空话、套话甚至假话。团队学习是沟通下的学习，沟通需要真诚交流，不说真话就不能真正地沟通与交流，因此会成为团队学习的一大障碍。

那么，是什么造成组织内的政治游戏？答案是"人性与组织的特性"。团队学习是一种组织行为，反映了人与组织的本性。司马迁在《史记》中说："天下熙熙皆为利来，天下攘攘皆为利往。"人的本性是趋利避害，"习惯性防卫"就是趋利避害的武器。这种武器保护了个人，却对组织造成了巨大的伤害。在这种武器的保护下，组织中形成了大量的"潜规则"。

习近平总书记对这些"潜规则"有精辟的描述，他引用 10 个段子谈"潜规则"侵入党内，已成沉疴毒瘤：在思想政治上，"马列主义对人、自由主义对己""两张嘴巴说话、两副面孔做人"。在组织生活中，"自我批评摆情况、相互批评提希望""你不批我、我不批你，你若批我、我必批你""上级对下级、哄着护着，下级对上级、捧着抬着，同级对同级、包着让着"。在执行政策中，"遇到黄灯跑过去、遇到红灯绕过去""不求百姓拍手、只求领导点头"。在干部任用中，"不跑不送、降职停用，只跑不送、原地不动，又跑又送、提拔重用"。在人际交往中，"章子不如条子、条子不如面子""有关系走遍天下、没关系寸步难行"。

"习惯性防卫"主要表现为：

（1）为了不被人嘲笑，不提没有绝对把握的问题。

（2）为了不被人认为难以合作，不提有分歧性的问题。

（3）为了不得罪人，不提质疑性和要求别人作出专业性回答的问题。

（4）为了不在自己的观点上引发争论，只发表模棱两可的意见。

上述种种现象是组织成员自我防卫的结果，组织成员封闭心灵，造成了团队及组织的"弱智"。

由于心理障碍，团队学习如果不能有效地组织引导，轻则开展不起来，重则可能不但不能促进团队建设，还可能破坏团队建设。因此，要慎用批评与自我批评。历史经验告诉我们，只有团队成员对组织目标达成高度共识，批评与自我批评才可能有效。在大部分组织与大部分时间里，批评与自我批评对组织的副作用可能大于正面影响。基于心理障碍和人的心智模式，每个人都不愿意听批评意见。因此，批评与自我批评会引发强烈的逆反情绪，真正开诚布公的批评与自我批评很难实现。过去，井冈山与延安时期成功地开展批评与自我批评，是建立在对共同愿景高度共识的基础上的。目前一些组织中缺乏这种对组织目标的高度共识。

障碍 2：思维障碍

团队学习的主观障碍还表现在思维方式上，经过多年研究，我们发现团队学习的思维障碍主要有 3 个。

思维障碍 1：缺乏系统思维（局限思维）

缺乏系统思维普遍存在于人类的思维中，以西方人尤甚。西方的分割思维方式，最大的问题就是缺乏系统思维，主要表现为局限思考、归罪于外、缺乏系统思考的主动性、专注在个别事件上、不能觉察渐进变化的威胁、经验学习的错觉及管理团队的迷思等现象。这主要源于每个人的心智模式造成缺乏系统、全面、运动、辩证的思考，造成了不论是个人学习还是团队学习的一大思维障碍。人类的局限思考是由先天决定的，所有人都不同程度地有局限思考的特性。

心智模式就是人们的长期记忆中隐含着的关于世界的心灵地图，是思维方法、思维习惯、思维风格和心理素质的反映。心智模式的特点：①因为相信经验和思维定式的影响，所以根深蒂固，根植于内心，难以改变。②由于自我感觉良好，所以对自有缺陷毫无察觉。③由于视野的局限，造成思维的局限性。

虽然局限思维是人类的共性，但是西方人缺乏系统思考的程度普遍比东方人严重，这是由文化决定的。西方人是分割思维，因为分割，所以具有精准性、微观性、定量性、量产性、规律性和普适性等特点。文艺复兴以后，更是发展出了科学思维，极大地推动了人类生产力的发展。因为科学使西方产生了工业文明，并在近两百年超越了东方的发展，并持续到了今天。但是，这种分割思维又有碎片化、应变差、创新难的缺点，常常会强化局限思考，出现头痛医头脚痛医脚的现象。因此，针对西方人的思维缺陷，圣吉提出了必须加强系统思考的观点，并在实践中获得了巨大的成功。

东方人在系统思考方面远比西方人要好。但是，由于人类的普遍弱点和近两百年向西方的学习，我们也不同程度地强化了这方面的弱点。如以问题为导向，就是一种典型的缺乏系统思考的思维方式，问题都是在过程中产生的，系统思考的基本特性是整体性，不考虑原点目的与终点结果的思维方式就是局限思维。以问题为导向不如说是以问题为引导，问题只是引发了思考，解决问题并不能以问题为导向。因为在实际工作中，首先碰到的是问题，但不能直接找原因出对策，而是要回到原点，找到目标和初衷，再分析现状，找到与目标的差距，差距才是真正的问题。确定了问题以后，再找出导致问题的原因，提出相应的对策，这才是解决问题的正确方法。我们要发扬传统文化中优秀的思维方式——系统思维，克服局限思维的缺点。

思维障碍 2：缺乏科学思维（粗放思维）

缺乏科学思维也普遍存在于人类的思维中，但以东方人尤甚。如果说西方人的思维特点是分割思维，那么东方人的思维特点可以称为易思维。易思维方式最大的弱点就是缺乏科学思维，主要表现为似是而非、不精准、难量化、难复制、难量产、不相信规则、过度强调变化、不稳定、边界模糊、规律不准、管理粗放、在工业化中迷失等因为粗放思维造成的现象。

科学与科学思维是西方在文艺复兴以后才慢慢形成并发展起来的，源于西方人的分割思维方式。科学思维方式的出现，造就了工业革命的发生，并将以中国为主的东方国家甩在了后面。

　　科学思维由于其严密的逻辑性、精准性，一般人难以很好地掌握，因此不能科学地思考问题也是人类普遍的弱点。但是，东方人缺乏科学思维的程度普遍比西方人更严重，这也是由文化决定的。

　　东方人的思维特点是易思维，源于《易经》与《易传》。中国儒、释、道、医、兵等诸家思想，都根植于易思维，它是中国人的世界观与方法论。易思维强调变化，关注变化的条件和因素，探索变化的规律，并将人类放到整个自然界中去，系统、全面、辩证、历史地分析解决问题。这种思维方式具有系统性、宏观性、定性性、联系性、变化性、特殊性等特点。基于易思维的中国文化，强调与时偕行。这使中华文明源远流长五千年没有中断，成为世界上唯一流传下来而没有间断的古老文明。

　　但是，易思维又有不精准、难复制、难普及的缺点，表现为管理粗放、政策模糊、无法执行等问题。自从工业革命以来，中国的国家发展能力被西方赶超。从根本上说，就是缺乏科学思维与科学精神导致的结果。

　　在中国，缺乏科学思维主要表现在以下几个方面。

　　（1）管理粗放。各种组织普遍存在：战略目标模糊，不符合 SMART 原则；将目标变成行动的制度、政策和流程不清晰、不明确；检验行动结果的标准不明确、模糊或无法执行。

　　（2）工业化水平低。我国工业企业质量水平平均在 $3\sigma \sim 4\sigma$，也就是说每百万次操作失误在 6 210~66 800 次，而欧美发达国家工业企业质量水平平均在 5σ，即每百万次操作失误在 230 次，德国和日本平均达到 5.5σ，即每百万次操作失误在 32 次。因此，从数量上来讲，我们是世界制造大国，但离制造强国还有距离。

　　"σ"（西格玛）是希腊文字母，在统计学上用来表示标准偏差值，用以描述总体中个体离均值的偏离程度，测量出的 σ 表征着诸如单位缺陷、百万缺陷或错误的概率性，σ 值越大，缺陷或错误就越少。6σ（六西格玛）是个质量目标，意味的所有的过程和结果中，99.999 66% 是无缺陷的，也就是说，100 万件产品中只有 3.4 件是有缺陷的，这趋近到人类能够达到的最为完美的境界。

DPMO（每百万次采样数的缺陷率）是指 100 万个机会里面，出现缺陷的机会是多少。如果 DPMO 是百万分之 3.4，即达到 99.999 66% 的合格率，那么这就叫 6σ。DPMO 值与 σ 的对应关系见表 2-2。

表 2-2　DPMO 值与 σ 的对应关系（误差率的表征）

σ 值	正品率（%）	DPMO 值	以印刷错误为例	以钟表误差为例
1	30.9	690 000	一本书平均每页 170 个错字	每世纪 31.75 年
2	69.2	308 000	一本书平均每页 25 个错字	每世纪 4.5 年
3	93.3	66 800	一本书平均每页 1.5 个错字	每世纪 3.5 个月
4	99.4	6 210	一本书平均每 30 页 1 个错字	每世纪 2.5 天
5	99.98	230	一套百科全书只有 1 个错字	每世纪 30 分钟
6	99.999 66	3.4	一个小型图书馆的藏书中只有 1 个错字	每世纪 6 秒

引入 σ 以后，不同的企业、工厂、流程和服务之间都可以进行量化比较。由此可以看到缺乏科学性对经济社会的深远影响。

（3）执行力差。一个组织的执行力是由组织的整体决定的，涉及组织的高层、中层和基层，而不是只由基层所决定。首先，高层制定的战略目标可达到，如果目标不符合 SMART 原则，无法执行，组织的执行力就没有了。其次，在战略目标可行的条件下，中层要依据目标制定出可执行的政策、法规、制度和流程等行动方案，方案必须符合 SMART 原则，否则组织的执行力就没有了。最后，基层的执行力体现在两个方面，即意愿和能力，由既愿意执行又有能力执行的人员，去有效地实施行动方案并达成行动目标的行为，才是这个组织的执行力。影响执行力大小的因素主要在组织的高层和中层，而不是基层，执行力是领导力的重要组成部分。要在干部培训中，普遍树立科学思维的理念和方法，提高各级组织制定政策、制度、规范和流程的科学水平和能力。

思维障碍 3：缺乏同步思维（混乱思维）

前 2 个思维障碍不但是团队学习的障碍也是个人学习的障碍。缺乏同步思维是团队学习特有的思维障碍。

在团队学习中，由于集体思维的不同步性，造成缺乏同步思维的障碍，就是团队学习特有的思维障碍。没有进行有效引导的团队学习，团队中每个人的思维是不能完全同步的。例如，我们一起听老师讲课，每个人都按自己的思维逻辑和关注点进行思考，每个人的思维都是有条理的。但是，对同一问题，在同一时点上，集体思维是不在同一层面上的。有的人在思考问题的表象，有的人在分析导致问题的原因，还有的人在想如何应对。总之，集体思维不同步造成集体思维在同一时点上是杂乱无章的。思维的不同步使成员之间的沟通产生困难，常常进入鸡同鸭讲的困境。集体思维的不同步性，使团队整体思维混乱，这种混乱抵消了集体的合力，造成了团队学习的巨大障碍。

障碍 3：组织障碍

组织障碍主要源于两方面：一方面是组织结构问题，即体制问题；另一方面是管理制度问题，即规范问题。

组织障碍 1：组织结构问题

组织结构方面，在社会上占主导地位的科层制（又称官僚制）组织结构是团队学习的重大组织障碍。科层制是一种权力依职能和职位进行分工和分层，以规则为管理主体的组织体系和管理方式（见图 2-7）。其特征有：上下等级森严，

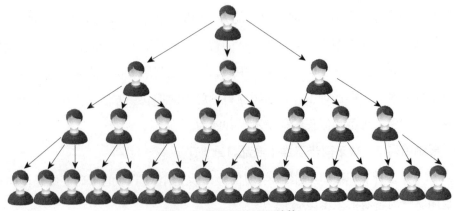

图 2-7　科层制的组织结构

横向隔绝无关，动点少而集中，行为机械简单。

它与工业化相适应，但与信息时代越来越脱节，主要的缺点表现在：

（1）官僚主义与"目标置换"，"唯上"常常偏离了组织目标。每个人都与自己的上级对标，而不是与组织目标对标，每个层级都会与上一级产生目标或多或少的偏移，层级越多偏移越大。

（2）行为僵化、不愿意做"有风险的"决策，普遍存在防御性态度和缺乏创新。只对上级负责而不是对组织负责，使组织中的所有人都限制在上级的思维下，遏制了创新的发生。

（3）组织中的下属单位产生狭隘的自我服务观点，造成对组织绩效不利的后果。每一级人员限制在授权之下，并可能在这种授权下寻租。

（4）上下级之间造成了个人间的压力和冲突，缺乏人情味。因为上下级利害关系紧密，每个人唯恐利益受损，谨小慎微、虚情假意，并将个人的思想与行为限制在上级的框架之下。

（5）繁文缛节，效率低下。因为纵向层级多，缺乏横向沟通，信息传达只有从上至下单向渠道，组织内部人与人、部门与部门间缺乏有效沟通，难以产生协同效应。

（6）陷入用人困境（彼得原理——向上爬原理），合适的人最终放到不合适的岗位上。激励机制的单一方式，即只有逐级向上爬，简单地说，做得好就升，做不好就不升，逻辑上最终的结果将是每个人都停在了做不好的职位上。

（7）对外界反应迟钝。不能及时应对情况变化而行动，错失有利的时机。

科层制成为团队学习的障碍，主要因为它是一种单向作用联系构成的组织管理系统，严重阻碍组织中人与人、部门与部门之间的有效沟通。而团队学习是沟通下的学习，科层制造成的沟通障碍使团队学习难以有效开展。

组织障碍 2：管理制度的问题

管理制度是对一定的管理机制、管理原则、管理方法以及管理机构设置的规范。它是实施一定的管理行为的依据，是社会再生产过程顺利进行的保证。合理的管理制度可以简化管理过程，提高管理效率。

组织管理制度是组织为了规范自身建设，加强成本控制、维护工作秩序、提高工作效率、增加组织效益、增强组织影响力，通过一定的程序制定出的管理组织的依据和准则。

组织管理制度大体上可以分为规章制度和责任制度。规章制度偏重于工作内容、范围和工作程序、方式，如管理细则、行政管理制度、生产经营管理制度。责任制度侧重于规范责任、职权和利益的界限及其关系。一套科学完整的组织管理制度可以保证组织的正常运转和员工的合法利益不受侵害。

不科学合理的管理制度会影响有效的团队学习，主要有以下几个方面：

（1）组织管理制度中有许多不切实际、形式主义、僵化落后的制度规范，不能有效地指导实际工作，而且影响团队学习的有效开展。因为团队学习的内容是实际工作中的内容，管理制度是一种具有强制性的规范，如果这种规范与工作实际不符，就会限制团队学习的内容，因此不能有效地学习。

（2）组织管理制度中，如果规范的责权利的界限及其关系不明确，也会影响团队学习的有效进行。这是因为责权利不明确会导致组织成员的行为目标不明确，团队学习是目标导向的学习，不明确目标的学习无法有效进行。

（3）组织管理制度中，如果有许多模糊不清及不公开、不透明的规则，使得执行者度量空间很大，会影响成员的真诚沟通，进而影响团队学习的有效开展。这种含糊不清的制度存在很多寻租空间，并掺杂私利，会导致组织"潜规则"盛行，影响公正。组织成员在这样的组织中会习惯性防卫，不讲真话。有效的团队学习是真诚沟通下的学习，不讲真话的组织是无法开展真正的团队学习的。

（4）组织管理制度中，如果有许多规章制度没有明确可度量的执行标准，或者无法检验执行结果，制度本身的不可执行，会使团队学习空洞虚夸且无针对性及实效性。实际上，制度本身的不可执行是组织执行力差的重要因素之一，却没有引起组织领导的普遍重视。

（5）不合理、不科学的组织管理制度影响先进组织文化的建立，而团队学习的目的就是要建立一种开放的、持续改进的及创新的组织文化。组织管理制度是组织文化的内容之一。组织管理制度是组织内部的法规，组织的领导和成员都必须遵守和执行，从而形成约束力。组织管理制度是在生产经营实践活动中形成的，对人的行为带有强制性，并能保障一定权利的各种规定。从组织文化的层次结构看，组织管理制度属中间层次，它是精神文化的表现形式，是物质文化实现的保证。组织管理制度作为员工行为规范的模式，使个人的活动得以合理进行，内外人际关系得以协调，员工的共同利益受到保护，从而使员工有序地组织起来为实现组织目标而努力。因此，制度本身的缺陷会影响先进组织文化的培育与建立。

障碍 4：环境障碍

客观障碍中的环境障碍主要有两类：一类是社会文化的影响；另一类是客观条件的限制。

社会文化、思想意识，以及宏观体制机制的影响造成的障碍：①我们无法有效地去解决。②对所有组织都是一样的问题。③对具体组织，它是外部原因，影响不大。因此，我们只要了解就可以，并不需要完全解决这个障碍。

另外，学习时间、学习场景、学习设施、成员个性条件等客观条件也会对团队学习产生影响。条件的不充分可能对团队学习形成一定的阻碍，这些条件是可以逐渐改善的。

从上面的分析可以看到，团队学习的障碍非常多，正是这些原因使团队学习很难进行下去，这并不是团队学习本身的问题。

难点4： 有效引导的2个缺乏

虽然越来越多的人认识到了团队学习的意义与作用，但是真正有效的团队学习并不多见。这是因为团队学习存在巨大的学习障碍，尤其是初期，团队学习不能自动自发地开展起来，要有掌握团队学习引导技术的引导师进行有效的引导，才能真正开展起来。缺乏有效引导的主要问题：一方面是指缺乏有效的引导技术；另一方面是指缺乏掌握有效引导技术的人，即引导师。

缺乏1：有效的引导技术

缺乏有效的引导技术，是指缺乏针对中国人的团队或组织学习的有效引导技术。目前，国内为数不多的引导师或培训师掌握的引导技术多源于西方，这种引导技术是针对西方人的思维特点而形成的，对西方人行之有效，但是由于中国人的思维方式与西方人不尽相同，因此这种直接照搬过来的引导技术，对中国人却不太管用。

有些针对东西方人共有特性的引导技术是可以引入的，如深度汇谈的技术。有些是针对西方人思维缺陷的引导技术如强调系统思考，这种强调对中国人来讲是不需要的。还有些是对西方人不需要强调的技术，如大量地使用科学思维的方法，而对中国人来说却十分欠缺，因为西方人没有强调，于是在引进到中国后也没有特别说明，使得照搬过来的引导技术并不能有效地被使用。

缺乏2：会引导的引导师

西方社会认为的团队行动学习引导师、引导者或称催化师（facilitator）是指能帮助团队理解共同目标，协助团队摆脱各持己见的讨论，共同作出行动计划并实现计划的人。通过应用引导技术协助团队讨论和处理会议中出现的各种不同意见，促成团队达成共识，此共识将成为未来行动的基础。在集中培训中，引导师不必要求学员作出行动计划，因为没有行动条件。硬要学员作出行动计划会引起学员的困惑及反感，效果反而不好。

国内很多时候将 facilitator 翻译成催化师，笔者认为引导师更为贴切。催化师过于强调其主观性，引导师强调的是循循善诱的理念与做法。也有人认为催化师是催动别人学习思考，本身是不参与内容的，从这个意义来讲也是合适的。关键是能够引导或催化团队成员开展有效的团队学习。七八年前，普遍用催化师这个概念，但由于部分催化师并没有完全掌握团队学习的理念和有效的引导或催化技术，引起部分学员的忽视甚至反感，造成团队学习的失败。近年来，普遍使用引导师这个概念，也由于部分引导师引导技术的粗糙和幼稚，也使团队学习及行动学习效果不佳。所以，叫什么并不重要，关键是能够很好地理解团队学习的要义，掌握开展有效团队学习的引导技术，才是一个合格的引导师（催化师）真正努力的方向。团队学习引导师引导的是学习方法，而不是学习内容，学习内容是团队学习参与者自己决定的。

团队学习对引导师的要求之所以很高，是因为引导师的三重角色与作用决定的。①引导师是团队的学习教练，需要设计学习流程，引导团队成员反思与探询，促进开展团队学习。②引导师是团队学习的方法专家，为团队学习提供有效的学习方法并指导团队在实践中应用。③引导师还是项目的管理者，负责辅导学习项目，指导、组建学习团队，评估、改善并掌控学习项目进程（见图 2-8）。

目前，国内培训机构严重缺乏具有专业水准、掌握引导技术的引导师。大部分培训师只会针对个人学习讲课，不会针对团队学习进行引导。讲课与引导是完全不同的教学方式，讲课需要技巧，引导需要技术。在欧美国家，合格的引导师需要有 5 年以上的培训师经历，好的引导师是不低于教授水平的高级培训师。

由于培训机构和各种组织中缺乏合格的引导师，尤其是掌握对中国人有效引导技术的引导师，这是团队学习难以开展的主要原因之一。

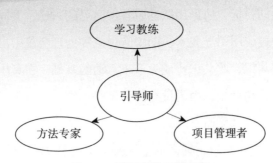

图 2-8　引导师的三重角色

组织中的领导者只会领导不会引导。当领导希望听取下级意见时，不能将自己从领导角色主动转换为引导角色，也使真正的团队学习无法有效地开展。

 结语

综上所述，组织学习能力普遍低下是知与行两方面四大难点造成的，克服这四大难点，是提升组织学习能力的关键所在。

第三章　提升能力的8条途径

 思维导图

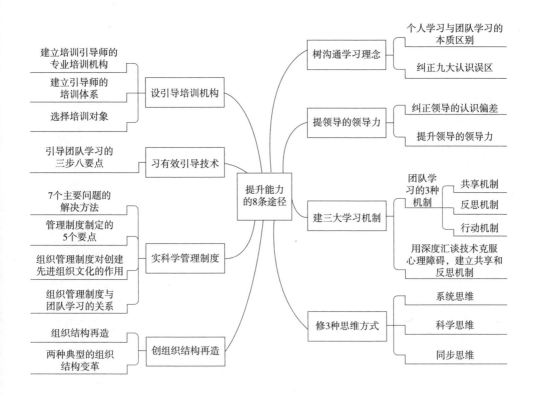

　　针对导致团队学习能力低下的四大难点，分别采取不同的方法有效克服相应的困难。团队学习首先需要调整学习方向即共识学习目标，在沟通与协作中，通过树沟通学习理念、提领导的领导力、建三大学习机制、修三种思维方式、创组织结构再造、实科学管理制度、习有效引导技术及设引导培训机构这8条途径全面提升团队及组织的学习能力，构建真正的学习型组织。

途径1： 树沟通学习理念

团队学习与个人学习的本质区别是：团队学习是沟通下的学习，而个人学习不需要沟通。因此，决定个人学习的要素是个人的思维，而决定团队学习的要素除了思维，还有沟通及学习方向的协调。树沟通学习理念，就可以准确找到导致团队学习最主要的困难在于沟通的困难，由此也可以找到解决这些困难的主要方法就是促进有效沟通。

对团队学习认识上误区很多，主要有九大认识误区，如本书第二章所述，造成这些认识误区的关键是不能意识到团队学习与个人学习的本质区别。只有了解这个本质区别，才可以纠正这些认识误区。

误区1：团队学习是教育培训理念。实际上，教育与培训都是针对个人学习的，而团队学习是一种组织行为，超出了教育培训领域，扩展到管理领域，因此它不仅仅是教育培训理念，还是一种管理理念。误区产生的原因是分不清个人学习与团队学习的本质区别。

误区2：一起学习就是团队学习。认为组织中的每个人都在学习，这个组织就是学习型组织的观念是不正确的。误区产生的原因是对团队学习的内涵不甚清楚。

误区3：团队及组织学习能力就是其成员个人学习能力之和。误区产生的根本原因是不知道影响个人学习能力的要素与影响团队及组织学习能力的要素是不同的。

误区4：靠个人学习就能实现自我超越。实际上，靠个人学习实现自我超越不是不可能，而是十分困难。实现自我超越需要认识与突破自我的心智模式，但是心智模式靠个人学习难以认识与突破。有效的团队学习可形成主动反思机制，达到自我超越。

误区 5：只要开展团队学习就好。实际上现实中的团队学习大多是不良的。这种不良的团队学习不仅不能建设团队，可能还会破坏团队。因此，不能有效开展的团队学习可能不如不学习。

误区 6：团队学习没有多少用处。实际上，团队学习之所以难以开展很大的原因在于团队学习本身具有的巨大障碍，正是这个原因使团队学习很难进行下去。不能有效开展的团队学习是无用的，甚至是有害的。

误区 7：团队学习就是团队建设。这是将因与果不分，将过程与结果混淆，将方法手段与目标结果混为一谈。团队学习是组织提高绩效的有效途径和手段，是组织生存和进步的有力法宝。团队学习是团队建设的基础，团队建设是团队学习的结果。

误区 8：团队学习就是行动学习。这是对团队学习与行动学习的内涵与初衷认识不清造成的。团队学习是相对于个人学习的一种集体学习形态，强调的是团队。而行动学习从广义上讲是一种工作学习形态，相对学来讲强调的是习，即行动。

误区 9：组织形式就是方法工具。团队学习的组织形式是指学习的组织方式，团队学习的方法工具是指学习时使用的思维方法与工具。一种组织形式可以使用多种学习工具，一种工具可以用在多种组织形式中。将团队学习的组织形式与使用的思维方法和工具混为一谈，是初期开展有效团队学习的人所犯的通病。

树立沟通学习的理念，就开辟了提升组织学习能力的路径。

途径2： 提领导的领导力

对于由于领导的问题导致的团队学习困难，必须从知与行两个方面来解决。

一、纠正领导的认识偏差

领导对于团队学习的认识偏差来源于对团队学习的概念不清，不了解个人学习与团队学习的本质区别。由此，组织的领导除了要走出对团队学习的九大认识误区外，还要深刻地认识到：

（1）团队学习是沟通下的学习。

（2）影响团队学习的因素不仅有思维力，还有沟通力及学习方向这两个因素，是3个要素共同的作用。

（3）从领导行为及团队学习的定义可知，真正的团队学习是一种领导行为及领导方法。

（4）领导决定了团队的学习能力。

（5）不断地开展有效的团队学习可以提升领导力。

二、提升领导的领导力

研究表明，组织的基本能力与其领导密切相关，领导的领导力直接决定了团队的学习能力。领导力的核心是影响力，通过团队学习及领导和领导力的概念可知，团队学习是一种领导行为及领导方法，领导力不足直接造成团队学习能力不足，表现在影响团队学习能力的三要素上，由此要提升三力，践行五行，并通过开展有效的团队学习使领导力获得突破（见图3-1）。

1. 提升领导的思维力、沟通力及决策力

提升领导的思维力，关键是修炼思维方式，要用先进的思维方式武装头脑。迄今为止，人类找到了两种具有普遍意义的（即在哲学层面上）、先进的思维方式，它们就是系统思维和科学思维。科学思维方式是我们中国人比较欠缺的，更

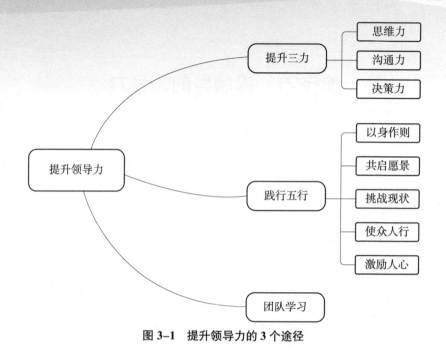

图 3-1　提升领导力的 3 个途径

要加以修炼，而作为领导更要注重掌握这种思维方式。科学思维的核心是逻辑思维，领导应在培养思维的逻辑性上下功夫，减少和避免不符合逻辑的思维及行为，使行动更具科学性。

提升沟通力首先要端正态度，以身作则，真诚沟通。在这个前提下还要掌握沟通的两要素，即思维与表达。沟通能力强，有一个重要的标准，就是能实时把握对方的思维，提前作出反应，使彼此的交流从语言层面上升到思维层面。其次，沟通必须使用相同的语言，特别是相同的思维工具、专业术语及思维逻辑，同时提升个人的语言表达能力。

提升领导的决策力，就是提升领导的综合素质及能力。领导的两大职责是出主意和用干部，出主意考验的是领导的决策力。决策力是领导的基本能力，领导需要依靠学习与实践来提升这个能力。

2. 领导努力践行 5 种行为方式

卓越领导具有 5 种行为特质或行为习惯。这 5 种行为是：以身作则、共启愿景、挑战现状、使众人行和激励人心。领导要提升领导力就要将这 5 种行为训练成自己的习惯。领导力的核心是影响力，领导要以身作则并勇于挑战现状，才能够在团队及组织中建立影响力。领导的灵魂在于沟通，通过有效沟通，才能共启组织愿景，使众人朝着组织目标前行，并一路激励人心、不断奋进。由此领导培训自己这 5 种行为习惯，可以全面提升自己的领导力。

3. 通过开展有效的团队学习使领导力获得突破

团队学习是一种领导行为和方法。有效的团队学习要依靠强有力的领导力，同时也能促进领导力的提升。团队学习与领导力相互作用、互为因果，它们是正反馈关系。领导由于自身的某些局限，可以通过开展有效的团队学习来突破：①团队学习可以帮助领导决策。②团队学习可以促进共识目标。③团队学习可以导致团队建设。④团队学习可以促进有效沟通。⑤团队学习可以提升组织中所有人的思维力。

途径3： 建三大学习机制

团队学习是沟通下的学习，除了环境及条件的限制外，团队学习的障碍主要来源于沟通的困难，其中心理障碍是造成不能真诚沟通的首要原因。通过开展深度汇谈，建立起共享、反思及行动3种团队学习机制，就可以有效地克服团队学习的心理障碍。

一、团队学习的3种机制

机制就是集体的行为习惯和组织的资源配置方式。要让团队学习成为组织的行为习惯，就要在团队学习中建立让团队成员易于掌握的学习规范。

团队学习需要建立3种学习机制。

机制1：共享机制（也称分享机制）。即团队共同的学习，它是团队成员反思与探询学习的基础，是团队学习的先决条件。没有共享，团队学习就不存在。

机制2：反思机制。即反思自我言行的学习，它能引发反思并促成改变，改变的是行为，提升的是能力，而不只是获取知识。它是团队学习的核心机制。

机制3：行动机制（也称反馈机制）。即学习后必须有新行为，它使工作学习化、学习工作化。它是团队学习的终极目标。学是为了习，这个机制要求我们在学习的过程中，始终将学以致用放在心上。

共享机制，能够让参与者安全地审视自己和他人的想法与做法，共享团队智慧。反思机制，能够让参与者自动地结合实际反思自我的观点与行为，从而引起主动改变。行动机制，能够让参与者渴望在今后的工作中实施新的想法而获得持续的进步，并将工作与学习连为一体，实现终身学习。这3个机制的难点在于共享，没有共享就没有真正的反思与行动。从这个意义上说，共享机制是开展有效团队学习的"惊险一跳"。

团队学习的机制常常隐含在团队学习的步骤中不易察觉，作为引导者应该有意识地体会这些机制所发挥的作用，以便在今后的组织团队学习中不断改进方法。

1. 如何建立 3 个机制

（1）共享机制的建立。共享是团队学习的基础，团队学习就是在共享基础上的学习，离开了共享，团队学习无从谈起。

共享的前提是悬挂假设即亮观点，我们知道，团队学习的心理障碍使团队成员不愿意亮观点，因此，在实际运作过程中，我们通过深度汇谈，用各种引导方法引导学员尽可能地亮观点。将学员的关注点引导到他人说了什么而不是谁说的，即关注研讨的内容而非发言的主体。实际操作中常常忽略或隐去发言人姓名，而代之序号。另外，引导师在引导的过程中，尽量做到中立，并建立一个团队成员平等参与的汇谈规则和开放包容的研讨环境。

促进悬挂假设的工具有头脑风暴（包括匿名头脑风暴）、团队共创、智慧墙和大信封法等。促进悬挂假设的学习形式多种多样，常用的有结构化研讨、圆桌会议、世界咖啡、共识决定和群策群力等。

（2）反思机制的建立。反思机制的建立体现在深度汇谈的关键步骤上。反思自我是在探询他人过程中自发产生的。探询他人的基础在于共享机制的建立。因此，反思机制的建立依靠共享的发生。

为促进反思，我们常常使用一些方式方法，如智慧墙、左右手栏、德尔菲法、复盘、回顾总结等。另外，还用一些平行思考工具，条理、细化、系统、科学的团队学习思维过程以加深反思，如六顶思考帽、四副眼镜、思维导图、SMART原则等工具方法。

反思机制是团队学习最重要的机制。因为深度汇谈是团队学习的核心，而反思探询是深度汇谈的核心，因此，反思探询是团队学习核心的核心。只有引发了充分反思，才能使学员在学习中产生思想上的转变，进而发生行为上的改变。

（3）行动机制的建立。行动机制也称反馈机制，行动是团队学习的目的和结果。行动机制是将学习与工作紧密结合，学以致用。被称为反馈机制是说学习的内容是从实践中来再到实践中去，是输入与输出的过程，而输出是要跟着行动的。

行动机制是建立在反思机制基础之上的，没有有效的反思便没有有效的反馈或行动，也没有有效的行为改变。

建立行动机制主要体现在学习的内容上，即学习的内容与工作密切相关。团队学习的行动机制主要体现在学习的内容是团队或组织的工作内容，这也证明了为什么团队学习需求顺序是组织、岗位、个人。

在设计一次团队学习时，体现行动机制主要是议题确定的内容是从工作中来，学习的结果是到工作中去，学习过程中引发的思考也与工作密切相关。例如，在某次课的反思作业设计中，用六项思考帽中的创新之帽，就是"本次课如何引发了我的思考和创新及对我的工作有何启示"，体现的就是反馈机制的一种设计方法。

2.3 种机制的关系

共享机制是基础，反思机制是核心，行动机制是目的。3 种机制共同作用在团队学习的始终（见图 3-2）。

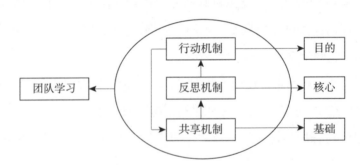

图 3-2   3 种机制的关系与作用

共享使探询他人成为可能；反思的关键是自我反思，探询他人就是以人为镜反观自我，使反思成为潜意识自发的行为；反思会引发思想主动转变，进而引起行为主动改变。这就是三种机制共同作用的结果。

二、用深度汇谈技术克服心理障碍，建立共享和反思机制

三种学习机制中最关键的是要建立共享机制。没有共享就难以形成自动的反思；同样，没有反思难以形成有效的反馈与行动。

建立共享机制的最大困难是团队学习的心理障碍，主要是习惯性防卫，表现为不说真话、不亮观点，而说空话、套话、大话、假话。之所以用深度汇谈的技术来克服团队学习的心理障碍，是因为深度汇谈的第一步是悬挂假设，即亮观点。

1. 深度汇谈的概念

深度汇谈（dialogue）是指团队中的每个成员都在无拘无束的探索中自由地交流想法、经验及教训，通过反思、探询，相互支持与启发，让彼此的想法在交流和碰撞中发现他人更深远的见解或发现有碍团体发展的消极因素，以此发挥团体的智慧。

量子物理学家戴维·伯姆（Bohm.D）在《论对话》中提出"深度汇谈"的理念（英语中"dialogue"一词，《第五项修炼：学习型组织的艺术与实践》中引用了"dialogue"的理念并将它翻译成"深度汇谈"以区别于日常的"对话"）。

简单地说，深度汇谈即深度沟通。团队学习是沟通下的学习，因此，团队学习的关键就是深度汇谈。只有每个人说出心中的所有设想，才能做到真正的一起思考。深度汇谈使人们变成自己思维的观察者，由此将主动反思变成必然。团队以多样的观点探讨复杂的难题，每个人都亮出自己的假设，并自由地交换想法。深度汇谈对于发挥人的智力潜能至关重要。通过深度汇谈，人们可以相互帮助，觉察彼此思维中不一致的地方，弥补个人思维的局限性，充分发挥集体思维的威力。

深度汇谈是在所有对话者参与的同时，分享所有对话者的意义，从而在群体和个体中获得新的理解和共识的交流活动过程。深度汇谈并不是去剖析事物，也不是去赢得争论，或者去交换意见，而是一种集体参与和分享。伯姆认为，我们通过"共享知识库"感知和认识世界，"共享知识库"是指人类经过长期进化和积累而形成的，包括隐性知识也包括显性知识，我们通过共享来感知和认识世界，并对自身的活动赋予相应的意义，形成自身的个性。

深度汇谈在团队学习中的价值在于，它作用于我们内在的精神思维过程，通过隐性知识层次的交流实现思维方式的改变。我们将自己的和他人的观念搁置，审视这些观念产生的根源，探究这些观念的真正意义所在。观念本身并不重要，因为它们只不过是一些思维假定，但是通过我们对所有人观念和意思的识别和共享，真理就会在不知不觉中诞生。

深度汇谈的核心：①表达真实感受。②在内心创造沉静的聆听环境。③以自己和他人都能理解的方式表达意见。④尊重他人并给予不同的人发表意见的空间。

2. 实现深度汇谈的 3 个必要条件

伯姆在《对话》中提到，深度汇谈有 3 个必要的基本条件（见图 3-3）。

图 3-3　深度汇谈的 3 个必要条件

（1）悬挂假设——亮观点。所有参与者必须将他们的思维假定悬挂在面前，也就是要说出自己对该问题内心深处真实的想法，以便不断地接受询问和观察。

我们的知识是对现实的映射，是一些主观的思维假定，而不是事物的本质。悬挂假设并不是抛弃、压制和避免表达我们的意见，而是觉察和检验我们的假设。如果一味地为自己的意见辩护而未觉察自己的假设，或未觉察出我们的看法是以假设而非事实为依据，就无从悬挂自己的假设。

悬挂假设可以让团队中的其他成员更清楚地看见自己的假设，因此可以把自己的假设跟别人的假设对照，从中看出不同人的思维方式和看问题的角度，更加真实地向事物的本质靠近。

（2）平等交流。参与者必须相互信任，以平等的姿态进行平等、开放的交流，没有任何压力（如职位、身份、权威和个人关系等），也不受他人观点的影响。

参与者必须视彼此为学习伙伴。就是说不管身份背景如何，学术面前人人平等，大家都是学习过程中的伙伴，都将为完成某个学习任务而共同努力。当然，学习伙伴关系并不是说要赞成和持有相同的看法，反而是在看法有差异的时候，更可能将彼此视为伙伴并真正发挥力量。视彼此为学习伙伴，要消除因地位高而可能占优势的情况，同时也要避免出现因地位低而害怕陈述自己看法的情况。只有这样才能营造出一种成员彼此关系良好的气氛，消除所谓学术权威带来的障碍，共同深入思考问题和进行深度汇谈。

（3）早期辅导。对话的早期阶段必须有一位"辅导者"或"引导者"，来引导掌控深度汇谈的过程和结构。由于团队学习尤其是初期，不能自发有效地开展。必须有掌握引导团队学习技术的"辅导者"或"引导者"，按照团队学习要点进行引导，方能将团队学习搞起来。

深度汇谈的辅导者或引导者起码要做好五项基本工作：

①帮助参与者明白他们必须对深度汇谈的结果负责。

②保持平等开放的团队交流氛围，把握好汇谈的方向。

③准确地拿捏汇谈时机并有技巧性地给予启发或直接协助，切记不要以专家的姿态出现，以免有些成员过分注意辅导者而分散了注意力或忽略了自己的想法及责任。

④比较了解深度汇谈的技巧和熟悉其发展过程。辅导者可以是汇谈的提醒者，也可以是技巧的示范者。

⑤当团队形成了深度汇谈的经验和技能后，辅导者的角色变得不那么重要，或可以成为参与者之一，甚至此阶段可以不需要指定深度汇谈的辅导者。

2. 深度汇谈的主要步骤

深度汇谈大致可分为以下3个步骤（见图3-4）。

（1）悬挂假设——亮观点。

①所有的参与者必须将他们的假设"悬挂"在众人面前。意思是说，先将每个人的假设"悬挂"在团队面前，以便不断地接受询问与观察。这并不是抛弃、压制或避免表达我们的假设，更不是指发表意见是件坏事，或者应当完全消除自己的主观意识，而是要觉察和检验我们的假设。某个人一旦坚持"事情就是这样

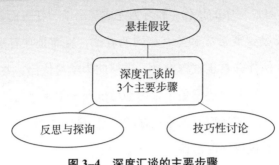

图 3-4　深度汇谈的主要步骤

的"，深度汇淡就会被阻断。因此，深度汇谈时，必须非常用心。深度汇淡模式的倡导者伯姆认为"心智倾向于避免悬挂假设，而采用没有商量余地及非常肯定的意见，以使我们觉得必须为它进行辩护"。

②悬挂假设必须是集体去做。团体悬挂假设的修炼，可以让成员更清楚地看见自己的假设，因为此时的假设可以和别人的假设作对照。这样去做，就意味着从全新的角度探究你所进行的假设：把它们提出来，明确无误地予以表达，给予它们相当的重视，然后努力去理解它们是怎么产生的。在群体面前把它们实实在在地表现出来，从而使整个团队共同理解它们。

③悬挂假设的目的之一就是为了尊重每位参与者的观点中体现出来的热情，而不是让那种热情变成一种障碍。没有人被要求放弃他的观点，也不会把别人的观点强加于他。如果某人不同意大家认同的观点，也没有必要压抑自己的反应而保持沉默。所有的人都可以探究和质询悬挂假设。

即使我们主观上开始愿意把自己的假设悬挂起来，但在实施的时候也会被一种不被人们所注意的、潜意识的行为所阻碍，它就是一种人们心理上的习惯性防卫。习惯性防卫是一种根深蒂固的习性，是用来保护自己或他人免于因为说出真正的想法而受窘，或感到威胁。因为你的假设是和你最深的信仰以及价值观紧密相连的。如果有人对你的假设提出挑战，那就是对你内心深处的感情提出挑战。通常情况下，你都会对你的假设进行防卫。所以我们的假设往往在不经意中已经被习惯性防卫保护起来了。

团队管理的权威阿吉瑞斯认为，习惯性防卫的根源，并不是我们以为的强词夺理，或是为了保持社会关系，而是惧怕暴露想法背后的思维。他说："防卫的心理使我们失去检讨自己想法背后的思维是否正确的机会。"对于多数人而言，暴露自己心中真正的想法是一种威胁，因为我们害怕别人会发现它的错误。在课堂上很少有人主动回答老师的问题就是这个原因，对于问题的答案每个人都有自己的想法，然而，心里总在想自己的答案是否正确，万一不对老师和同学会不会笑我，因此大家宁愿放弃一个展现自己的机会而选择了沉默，用沉默来避免自己犯错误。

在工作中，特别是领导与员工共同参与的工作中，习惯性防卫更为突出。无论是领导还是员工都会表现出对自己的保护。作为领导，总会认为自己在工作上处理问题的方式、方法比一般的员工有经验，总是很有自信，所以在提出自己的想法时，都会很明确地表达"他的"愿景。一经这样的表达后，周围的人都会感到怯惧，自然他的想法很少会受到公然的检视与挑战。对于员工而言，自然也学会了不在领导面前表达自己的想法，更别说去指正领导想法中的错误，哪怕这个错误是很明显的。有了问题却不能及时解决问题，这样的会议根本就没有意义。所以，我们要求参与者应当把所有的角色与职位弃之门外，而视彼此为工作伙伴，特别是领导，更应有较高的觉悟，放下自己的身份、地位，真正地融入团体中，让其他成员可以没有顾忌地说出自己心中的想法。大家只有在交谈过程中完全清除掉这些杂念，才能真正地共同深入思考问题和发生深度汇谈。

（2）反思与探询。在大家能够把假设悬挂于众人面前以后，接下来就进入反思、探询阶段。反思、探询的技巧是深度汇谈的基础，是必不可少的。

反思用于放慢思考过程，使我们更能发觉自己的心智模式如何形成，以及如何影响我们的行动。反思技巧由辨认"跳跃式的推论"开始。

如果仔细地回想我们对某个事物的推论，其实不难发现我们的思维是跳跃的，常常是看到一些片段，了解到一些零散的信息，就给这些事物概括性地下定义，而从来没有想过要去审视它们。

跳跃式的推论之所以会发生，是因为我们直接从观察转移到概括性的结论，未经检验，即将假设当作事实，视为理所当然而不需加以验证的定论。如果我们仔细地回过头去想我们曾经作出的那些所谓的论断，也许就会发现有很多问题，但很少有人这样去做，人们总是很相信自己总结出来的"真理"。这种现象正是进行深度汇谈必须克服的。

很多人的结论或假设大都是证据不足，或建立在非常有限的经验、材料之上。这就是要悬挂假设、检视假设的根本原因。我们用反思来探究别人和自己的观点，在这个过程中，我们能透过别人的观点"向外看"，每个人都会看到一些自己原来看不到的地方。正如深度汇谈的理论家伯姆所说："当我们关注思维的根源时，思维本身似乎会变得更好。"

探询则是我们如何跟别人进行面对面的互动，特别是处理复杂与冲突的问题。在这一阶段，大家要互相了解对方的想法、想法怎样产生以及产生想法的原始依据等。在互相探询的过程中，我们要注意探询的技巧，如果没有掌握好探询的方式，很容易引起争执而提前进入辩护阶段。

当你准备邀请他人深入探询时，你可以说："我的看法是这样的（叙述这个看法是依据什么而产生的），你认为如何呢？"这样的话会让对方不设防地与你交流。

当然，大家在探询的过程中，礼貌和相互的尊重是很重要的。如果你对别人的想法没有什么兴趣，也不要去贬低其想法。类似"你的想法已经过时""你的想法完全没有建设性""你的看法根本没有逻辑"这类的话，在探询的过程中是绝对不允许的。这个过程本来就是一个大家相互了解各种思维，相互探讨的过程，没有谁对谁错之分。

（3）技巧性讨论。在团队必须达成协议，并要作出决定的时候就需要进行讨论。这时大家都不免要为自己的假设辩护一番，这时的辩护是允许的，但是辩护不能是只为达到"胜利"的争论。因此，要巧妙地把探询这一技巧融入辩护之中，使之产生最佳的效果。当探询与辩护合并运用的时候，目标不再是"赢得争辩"，而是要找到最佳的论断。当然，技巧性讨论是有方法的。

①注意你的意图。作为团队中的个人，你应当明白你在对话中到底想要实现什么。问问自己："我的目的是什么？"及"我是不是愿意受到别人的影响？"。如果你不愿意受影响，那么你参与谈话的目的是什么？一定要弄清楚你到底想要

得到什么，不要让别人误解。

②寻求辩护和探询的平衡。在大多数管理团队中，辩护的比重远远超过了探询的比重。一些团队中的成员以"相互挑战"为荣，但他们之间的挑战并没有多大的意义。他们仅仅是面对面地相互挑战，或者是在一些小事情上争个你高我低。这样一来，假设无法悬挂，更不用说对这些假设进行检验了。所以，我们必须找到一种平衡，让这种平衡帮助我们更好地作出决策。

③建立共同意义。我们在说话、用词方面需要仔细斟酌，并把词语的意思表达清楚。避免使用你认为大家都明白，而实际上没有人理解的词汇。例如，当我们用到某个术语的时候，就一定要精确地告诉大家这个术语准确的定义。

④在你困惑、生气、沮丧或者是心神不定的时候，问一下自己：我在想什么？我的感受是什么？现在我想得到什么？通过这种自我提问的方式，可以缓解当时的情绪，让自己从强烈的争辩中走出来。

⑤当探讨陷入僵局时，问问自己：我们在哪些方面持有相同意见，而又在哪些方面持有不同意见？询问大家是否有可能共同设计一种能够提供新资讯的实验或其他的探询方式。记住这些方法对我们会很有帮助。

伯姆认为，通常用深度汇谈来探究问题，用讨论来作出决策。在讨论中，大家依据共同意见，一起来分析，以及衡量各种可能的想法，并由其中选择一个较佳的想法（也许是原来的想法之一，或是从讨论中得到的新想法）。如果讨论有效，它将汇集出结论或行动的途径。换句话说，深度汇谈帮助我们了解事情的真相、问题的全貌以及每个人的想法。讨论则帮助我们选择或整合出一个更好的想法来解决问题。因此，团体中的成员如果能相互运用深度汇淡和讨论既有利于问题的解决，也有利于成员间互相探究与学习，这样的决策过程一定会收到很好的效果。但是在实际的团队学习过程中，团队思维发散与集中是个不断交替的过程，我们不能完全割裂开来，而要有步骤、有条理地进行。

深度汇谈对团队学习的作用最主要就是可以建立有效的共享机制，有效的共享机制可以自动产生主动反思，因此，这是团队学习的出发点和立脚点。可以说没有有效共享，就是说真话，就无法开展真正有效的团队学习。

途径4： 修3种思维方式

○ -- ○

"思维"就是"想"，"思维方式"就是"怎么想"，"思维能力"就是"想得是否有效"。

思维能力是学习能力的核心。对个人学习能力而言，思维力几乎是学习力的全部。而对团队学习力而言，思维力也是学习力的核心要素之一。因此，修炼个人与团队，特别是团队领导的思维力，对提升团队学习力有着十分重要的意义及作用。

局限思维、粗放思维及混乱思维是团队学习的3种思维障碍，针对这3种思维障碍需用系统思维、科学思维及同步思维加以克服。

思维方式 1：系统思维

团队学习的思维障碍存在于学习过程中每个人的思维方式，尤其是领导的思维方式。其中，缺乏系统思维（局限思维）是指主要源于西方分割思维的、缺乏系统思考的思维障碍。主要表现为局限思考、归罪于外、缺乏系统思考的主动积极性、专注在个别事件上、不能觉察渐进变化的威胁、经验学习的错觉以及管理团队的迷思等。这种障碍实际上普遍存在，因为人就是一种局限思维的动物，只不过相对中国人而言西方人更甚。克服这种障碍的有效方法是系统思维。

1. 系统思维

系统思维就是把认识对象作为系统，从系统和要素、要素和要素、系统和环境的相互联系、相互作用中综合考察认识对象的一种思维方法。

系统是个概念，反映了人们对事物的认识，即系统是由两种或两种以上的元素相结合的有机整体，系统的整体不等于局部的简单相加。这一概念揭示了客观世界的本质属性，有无限丰富的内涵和外延，但其本身远远超过学科的界限。系统思维提升到哲学角度来认识，它是人们认识世界、改造世界的普遍的世界观和方法论，是人类所掌握的高级思维模式之一。系统思维能极大地简化人们对事物的认知，使人们具备整体观。

《易经》提供了最古老的系统思维方法，建立了最早的模型与演绎方法。这是我们中国人的文化精髓所在，也是我们对世界文明的贡献之一。

2. 系统思维的特征

这种思维方式的特征，如图 3-5 所示。

图 3-5　系统思维的特征

（1）整体性。系统思维方式的整体性，是由客观事物的整体性决定的。整体性是系统思维方式的基本特征，存在于系统思维运动的始终，也体现在系统思维的成果之中。整体性是建立在整体与部分辩证关系基础上的，整体与部分密不可分。整体的属性和功能是部分按一定方式相互作用、相互联系的结果。而整体也正是依据这种相互联系、相互作用的方式实行对部分的支配。

坚持系统思维方式的整体性，首先必须把研究对象作为系统来认识，即始终把研究对象放在系统之中加以考察和把握。这里包括两方面的含义：①在思维过程中必须明确任何一个研究对象都是由若干要素构成的系统。②在思维过程中必须把每个具体的系统放在更大的系统之内来考察。例如，解决"三农"问题，就要把"三农"问题作为一个由若干要素构成的系统来考察，不仅要考察系统内农业、农村、农民问题，还要考察三者的联系。同时，还要把"三农"这个系统纳入国家社会的大系统中去考察。只有从全国城乡社会的整体角度去考察"三农"这个子系统问题，才是解决问题的根本的、有效的方法。

坚持系统思维方式的整体性，还必须把整体作为认识的出发点和归宿。也就是说，思维的逻辑进程是这样的：在对整体情况充分理解和把握的基础上提出整体目标，然后提出满足和实现整体目标的条件，再提出能够创造这些条件的各种可供选择的方案，最后选择最优方案实现之。在这个过程中，提出整体目标，是从整体出发进行综合的产物。提出条件，是在整体目标的统领下，分析系统各要素及其相互关系而形成的。方案的提出和优选，是在系统分析的基础上重新进行系统综合的结果。由此可见，系统思维方式把整体作为出发点和归宿，通过对系统要素的分析，再回到系统综合。

（2）结构性。系统思维方式的结构性，就是把系统科学的结构理论作为思维方式的指导，强调从系统的结构去认识系统的整体功能，并从中寻找系统最优结构，进而获得最佳系统功能。系统结构是与系统功能紧密相连的，结构是系统功能的内部表征，功能是系统结构的外部表现。

系统中结构和功能的关系，主要表现为：系统的结构决定系统的功能。在一定要素的前提下，有什么样的结构就有什么样的功能。问题在于，与人相联系的系统结构才决定其功能，表现为优化结构和非优化结构同功能的关系。优化结构能产生最佳功能，非优化结构不能产生最佳功能，这是结构决定功能的具有方法论意义的观点。

系统思维方式的结构性，对认识方法论的基本要求，就是要树立系统结构的观点。在实践活动中，紧紧抓住系统结构这一中间环节，认识和把握实践活动中各种系统的要素和功能的关系，在要素不变的情况下，努力优化结构，实现系统的最佳功能。例如，经济体制改革就是在现有条件下进行的经济体制结构的改革，通过经济体制结构的优化来提高整体的经济能力。如推动城乡一体化进程的关键是要推动行政体制改革，改变目前行政体制的二元制，将政府管理从结构上下到农村。

系统的要素和结构对功能的作用都是非常重要的。要素是功能的基础，结构是从要素到功能必经的中间环节，在相同的要素情况下，结构对功能起着决定性作用。不仅如此，通过要素和结构关系所表现出的容差效应可以看出，系统要素在数量上不齐全和在质量上有缺陷，在一定条件下可以通过系统结构的优化得到弥补，不影响系统的功能。

苏联制造的米格–25型飞机，其构成部件并不是世界上最先进的，但由于结构优化，其功能在当时是世界一流的。系统思维方式的结构性，在考察要素、结构和功能的关系时，必须把思维指向的重点放在结构上。在追求优化结构时，必须全力找出对系统起控制作用的中心要素，作为结构的支撑点，形成结构中心网络，在此基础上，再考察中心要素与其他要素的联系，形成系统的优化结构。

（3）立体性。系统思维方式是一种开放型的立体思维。它以纵横交错的现代科学知识为思维参照系，使思维对象处于纵横交错的交叉点上。在思维的具体过程中，系统思维方式把思维客体作为系统整体来思考，既注意纵向比较，又注意横向比较。既注意了解思维对象与其他客体的横向联系，又能认识思维对象的纵向发展，从而全面、准确地把握思维对象的规定性。

客观事实都是纵向和横向的统一。任何一个认识客体，既是由若干子系统构成的系统，又是另一个更大系统的子系统。作为一个独立的系统，它的发展是纵向的。作为一个子系统，它与其他子系统之间的联系是横向的。这样一个系统的本质，不仅取决于该系统内部各子系统之间的结构形式，而且取决于它与其他系统之间的联系形式。所以，立体思维就是指主体在认识客体时要注意纵向层次和横向要素的有机耦合，时间和空间的辩证统一，在思维中把握研究对象的立体层次、立体结构和总体功能。不但要有"三维思维"，更要有"四维思维"，即研究系统运动的空间位置时，要考虑其时间关系。研究系统运动的时间关系时，要考察其空间位置。立体思维就是时空一体思维，是纵横辩证综合思维。

在立体思维中，纵向思维和横向思维不再是相互独立的两种思维指向形式，而是有机地统一在一起，形成一种互为基础、互相补充的关系。纵向思维以横向思维为基础，就是说，要在横向比较中进行纵向思维，而且只有经过横向比较才能准确地确定纵向思维目标。例如，我们要生产一种新产品，总要先进行调查论证，了解市场的供求关系，在横向比较的基础上，才能较为准确地选定某种新产品作为纵向思维的目标。横向思维的优点就在于能跳出自己的小圈子，把事物置于普遍联系和相互作用之中，通过与其他事物的比较，来认识和度量自己，进而认识事物运动的特点和规律。

同时还必须看到，横向思维必须以纵向思维为基础，也就是说，有效的横向思维必须对事物有纵向的深刻认识。横向思维属于多向思维，在具体的思维过程中，思维指向是有限的。主体总是根据思维目标的需要，确定一些主要的思维指向，究竟确定哪些思维指向，受制于纵向思维的深度。主体纵向思维越深刻，越能准确地选定横向比较的目标和范围。例如，要评选某类最优产品，总是在同类产品中评选，这就需要对该类产品认识深刻，才能确定参加评选的产品，才能进行横向比较。纵向思维的长处是在历史的自我比较中，可以看到自己的优点和取得的成就。

立体思维是开放思维。主体思维的纵向方面与时间的一维性相符合，与事物的纵向发展相一致，因而在纵向方面是开放的。主体思维的横向方面与空间的三维性相符合，与事物的横向联系相一致，因而在横向方面也是开放的。这样，主体思维无论在纵向方面还是在横向方面都是开放的、是全方位的开放，彻底的开放。根据系统开放性原理，主体的思维要达到有序，首要条件是必须敞开"思维大门"，加强与来自不同方面的思维信息的交流，善于吸取有价值的思维成果。可见，这种彻底开放的思维，最有利于主体从整体上全面把握客体的本质。

（4）动态性。系统的稳定是相对的。任何系统都有自己的生成、发展和灭亡的过程。因此，系统内部诸要素之间的联系及系统与外部环境之间的联系都不是静态的，都与时间密切相关，并会随时间不断地变化。

这种变化主要表现在：①系统内部诸要素的结构及其分布位置不是固定不变的，而是随时间不断变化的。②系统都具有开放的性质，总是与周围环境进行物质、能量、信息的交换活动。因此，系统处于稳定状态，并不是讲系统没有什么变化，而是指系统始终处于动态之中，处在不断演化之中。

系统的动态原则可以作为事物运动规律来理解，它对思维方法的作用是不可低估的。系统思维方式的动态性正是系统动态性的反映。思维从静态进入动态，要求人们正确认识和对待系统的稳定结构，使系统演化不断地从无序走向有序。系统的有序和无序是衡量系统结构是否稳定的标志。一般来说，如果系统是有序的，系统结构就是稳定的。相反，系统结构则是不稳定的。系统的有序和无序、稳定结构和非稳定结构，是系统存在和演化的两种基本状态，它们本身没有抽象意义的价值规定。

人们完全可以根据自己的需要和价值取向，创造条件打破系统的有序结构，使之成为向新的有序结构过渡的无序状态。也可以创造条件消除对系统的各种干扰，使系统处于有序状态，保持系统的稳定。这里的关键是要把握系统演化过程中的控制项，对系统实现自觉控制。控制项不仅能够破坏系统旧的稳定结构，而且还能使其过渡到新的系统结构。只要人们能够正确地把握控制项，就能使系统向演化目标方向发展。

然而，控制项是多样的，又是可变的。这就要求人们不但要从多方面寻找解决问题的办法，找出最佳的控制项，而且还要随着系统的演化，不断地选择最佳控制项。由于系统演化的可能方向是分叉的树枝型，而不是直线型，这就要求人们把系统演化的可能方向理解为具有多种方向可选择的状态，把事物的发展放在多种可能、多种方向、多种方法和多种途径的选择上，而不要把希望寄托于某一种可能、方向、方法和途径上。因此，在人们的头脑中必须破除线性单值机械决定论的影响，树立非线性的统计决定论的思维方法。

（5）综合性。综合，本身是人的思维的一方面，任何思维过程都包含着综合的因素。然而，系统思维方式的综合性，并不等同于思维过程中的综合方面，它是比"机械的综合""线性的综合"更为高级的综合。

它有两方面的含义：①任何系统都是以各种要素为特定目的构成的综合体。②任何系统整体的研究，都必须对它的成分、层次、结构、功能、内外联系方式的立体网络作全面的、综合的考察，才能从多侧面、多因果、多功能、多效益上把握系统整体。

系统思维方式的综合是非线性的综合，是从"部分相加等于整体"上升到"整体大于部分相加之和"的综合，它对于分析由多因素、多变量、多输入、多输出的复杂系统的整体是行之有效的。

系统思维方式的综合，要求人们在考察对象时，要从它纵横交错的各个方面的关系和联系出发，从整体上综合把握对象。传统的分析程序是"分析—综合"，两者被划分为先后相继的两个环节，因而是一种单向思维。而系统综合程序是："综合—分析—综合"，相互之间存在着反馈，是双向思维。它要求从整体出发，逻辑起点是综合，要把综合贯穿于思维逻辑进程的始终，要在综合的指导和统摄下进行分析，然后再通过逐级次综合达到总体综合。它要求摒弃孤立的、静止的分析习惯，使分析和综合相互渗透，"同步"进行，每一步分析都要顾及综合、映现系统整体。这样才能使人们站在全局的高度，系统地、综合地考察事物，着眼于全局来认识和处理各种问题，以达到最佳的总体目标。

运用系统思维方式综合地考察和处理问题，是现代化大经济、大科学发展的客观要求。当今许多工业化国家都把发展以各种新工艺为基础的综合性自动化生产，建立综合性无废料生产当成是更新生产力合乎规律的方向。许多农业发达国家已经将生态系统的原理用于规划、设计、建设和组织农业生产系统和农村生活系统以至农业政策系统，引起了农业生态系统综合化的趋势。这种把农业技术系统同农业生态系统有目的地实行综合，是现代化、系统化大农业发展的趋势。至于现代的信息产业、宇宙工业、海洋开发等新兴产业，更是应用系统科学理论对单项技术进行综合配套和综合调控的产物。

习近平总书记倡导的 5 种思维方式，均能体现系统思维特征。

（1）战略思维。就是高瞻远瞩、统揽全局，善于把握事物发展的总体趋势和方向。

（2）历史思维。就是以史为鉴、知古鉴今，善于运用历史眼光认识发展规律、把握前进方向、指导现实工作。

（3）辩证思维。就是承认矛盾、分析矛盾、解决矛盾，善于抓住关键、找准重点、洞察事物的发展规律。

（4）创新思维。就是破除迷信、超越过时的陈规，善于因时制宜、知难而进、开拓创新。

（5）底线思维。就是客观地设定最低目标，立足最低点，争取最大期望值的一种积极思维。

3. 系统论的 11 个法则

系统思维的 5 个特征是由系统的 2 个普遍存在的基本特性所决定的。在我们认知中，这 2 个基本特性就是空间上的联系性及时间上的延滞性。这 2 个基本特性，可分解为 11 个法则。

法则 1：今天的问题来自昨天的"解决方法"。

法则 2：你越使劲，系统的反弹力越大。

法则 3：情况变糟之前会先变好。

法则 4：选择容易的办法往往会无功而返。

法则 5：疗法可能比疾病更糟糕。

法则 6：快就是慢。

法则 7：因和果在时空中并不紧密相连。

法则 8：微小的变革可能产生很大的成果，但最有效的杠杆常常最不易被发现。

法则 9：鱼和熊掌可以兼得，但不是马上。

法则 10：把大象切成两半得不到两头小象。

法则 11：不去责怪。

4. 系统思维的根本方法

系统思维从方法论的角度来说，主要有 4 种思考方法（见图 3-6）。

图 3-6　系统思维的 4 种思考方法

（1）整体法。整体法是在分析和处理问题的过程中，始终从整体考虑，把整体放在第一位，而不是让部分凌驾于整体。

整体法要求把思考问题的方向对准全局和整体，从全局和整体出发。如果在应该运用整体思维进行思维的时候，不运用整体思维法，那么无论在物理意义上的宏观或微观方面，都会受到损害。

（2）结构法。进行系统思维时，注意系统内部结构的合理性。系统由各个部分组成，部分与部分之间的组合是否合理，对系统有很大的影响，这就是系统中的结构问题。好的结构，是指组成系统的各部分间组织合理。

（3）要素法。每个系统都由各种各样的因素构成，其中具有相对重要意义的因素称之为构成要素。要使整个系统正常运转并发挥最好的作用或处于最佳状态，必须对各要素考察周全，充分发挥各要素的作用。

（4）功能法。功能法是指为了使其系统呈现最佳态势，从大局出发来调整或是改变系统内部各部分的功能与作用。在此过程中，可能是使所有的部分都向更好的方面改变，从而使系统状态更佳，也可能以降低系统某部分的功能为代价，为了求得系统的全局利益。

5. 系统性解决问题的过程

用系统思维解决问题，必须考虑系统的特性。例如，系统性解决问题的过程如图 3-7 所示。

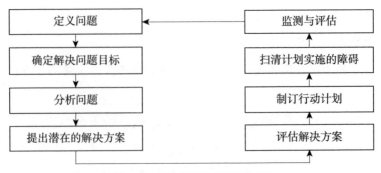

图 3-7 系统性解决问题的过程

　　笔者基于系统思维原理，得出系统思考三段论：原点、目标和问题。即所有的问题都要先回到原点，所有的问题都要与目标相关，所有的问题都是现状与目标的差距。

　　当我们遇到问题时，要系统思考：

　　（1）回到原点：问题是如何形成的（法则一）。

　　（2）找到目标：当初的和现在的目标（目标—条件—途径）。

　　（3）考虑问题：问题—原因—对策。

　　按照系统思维，以目标为导向的思维方法，才是符合系统思维基本特征的方法。

思维方式 2：科学思维

　　团队学习的第二大思维障碍是粗放思维，它是源于东方易思维的、缺乏科学思维的思维障碍。主要表现为似是而非、不精准、难量化、难复制、难量产、不相信规则、过度强调变化、不稳定、边界模糊、规律不准、管理粗放、在工业化中迷失等现象。科学思维是西方文明产生的，中国人普遍缺乏这种思维方式。克服这种障碍的有效方法是建立科学思维。

1. 何为科学

　　科学是对一定条件下物质变化规律的总结。它反映了现实世界各种现象的客观规律的知识体系，包括发现、积累并公认的普遍真理或普遍定理的运用以及已系统化和公式化的知识。

　　1888 年，达尔文曾给科学下过一个定义："科学就是整理事实，从中发现规律，作出结论"。达尔文的定义指出了科学的内涵，即事实与规律。科学要发现人未知的事实，并以此为依据，实事求是，而不是脱离现实的空想。科学建立在实践基础上，经过实践检验和严密逻辑论证，是关于客观世界各种事物的本质及运动规律的知识体系。

　　科学是相对真理。它指明任何物质变化规律都是有条件限制的，即在一定的边界或初始条件下得出的规律或真理。在客观世界中，不存在无条件限制的绝对真理（见图3-8）。

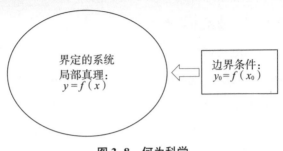

图3-8　何为科学

证明科学的2种方法：①严密的逻辑推导（演绎法）。②千百万次的实验证明（归纳法）。

2. 科学思维

科学思维是求真的思维。科学思维作为一种普遍的方法论，和系统思维一样，是迄今为止人类所掌握的高级思维模式之一。

科学思维具有4个基本原则：①在逻辑上，要求严密的逻辑性，达到归纳和演绎的统一。②在方法上，要求使用分析和综合两种思维方法。③在体系上，实现逻辑与历史的一致，达到理论与实践的历史统一。④在精度上，要求定性与定量的完整统一（见图3-9）。因此，科学思维的基本特征是逻辑思维。

（1）逻辑性原则。逻辑性原则就是遵循逻辑法则，达到归纳和演绎的统一。科学认识活动的逻辑规则，既包括以归纳推理为主要内容的归纳逻辑，也包括以演绎推理为主要内容的演绎逻辑。科学认识是由个别到一般，又由一般到个别的

图3-9　科学思维的四个统一

反复过程，是归纳和演绎的统一。

（2）方法性原则。所谓方法性原则，就是掌握方法准则，实行分析与综合的结合。分析与综合是抽象思维的基本方法，分析是把事物的整体或过程分解为各个要素，分别加以研究的思维方法和思维过程。只有对各要素首先作出周密的分析，才可能从整体上进行正确的综合，从而真正地认识事物。综合就是把分解开来的各个要素结合起来，组成一个整体的思维方法和思维过程。只有对事物各种要素从内在联系上加以综合，才能正确地认识整个客观对象。

（3）历史性原则。历史性原则就是符合历史观点，实现逻辑与历史的一致。逻辑与历史的统一是科学思维的又一重要原则。历史是指事物发展的历史和认识发展的历史，逻辑是指人的思维对客观事物发展规律的概括反映，即历史在理性思维中的再现。历史是第一性的，是逻辑的客观基础。逻辑是第二性的，是对历史的抽象概括。历史决定逻辑，逻辑是从历史中派生出来的。逻辑和历史统一的原则，在科学思维中，特别是在科学理论体系的建立中，有着重要意义。

（4）精确性原则。科学的精确性原则，不仅指经验证的真理和规律是精确的，而且指系统的建模也是精确的。数学是科学的基础学科，理论上所有限定条件下的规律都可用数学关系来表达。科学思维中的定性思维是一种精确的建模思维，定量思维是准确的数学关系。因此形成定性与定量的精确性统一。

3. 科学思维中的科学建模

科学模型是根据已知的事实建立的对研究对象简洁的、仿真性的表述。科学模型是按照科学研究的特定目的，用物质形式或思维形式对原型客体本质关系的再现。物质形式的模型即实物模型，是人们观察、实验的直接对象。思维形式的模型表现为抽象概念（如质点）、数学模型（如数学方程式）或理论模型（如某些科学假说），是人们进行理论分析、推导和计算的对象。科学模型只有按所要研究的问题和目的，与原型客体在本质属性方面有相似性，才能具有方法论的价值。它在人们对客体已有了初步认识，积累了一定资料的基础上建立，是进一步研究原型的起点。

科学建模有以下两种基本方法：

（1）主要因素法。主要因素法是指忽略次要因素，准确、简明地得出较普遍的结论。

（2）模拟法。模拟法是根据有限的事实对研究对象的一种猜测性的描述。

科学模型在科学研究中具有重要意义。客观事物总是处在多种因素交错的复杂纷乱状态中，这就使人们深入研究某个问题时面临难以着手的困难。模型能够撇开那些次要的因素、关系和过程，将主要的因素、关系和过程突出地显示出来，便于人们观察、实验和理论分析。尤其是对那些"时过境迁"、不能再现因而也不可能直接观察到的现象，或者从经济、安全和道德等方面考虑不宜直接实验的对象，更需要借助于模型研究。

由于通过模型获得的规律性知识，只是在一定程度上反映了原型客体的规律性，因而这种知识是相对的、近似的。根据从科学模型得到的认识可以预言客体的变化趋势或运动规律，这种预言能否实现，就是对模型的一种实践检验。

模型研究方法能够发挥理论对实践的指导作用。在体现了正确的科学理论知识的模型上进行实验，其结果一般优于实际情况。例如，一部热机的理想效率高于实际效率。因此，用理想模型与实际对象对比，就有可能找到改善实际对象以取得更佳效果的实践途径。

值得中国人特别关注的是：我们普遍认为政治、经济、管理等社会科学不需要或者不能够进行科学建模，这是个极大的思想误区。虽然社科领域影响因素纷繁复杂，但是依然符合二八原则，即 20% 的因素决定事物 80% 的发展，针对 20% 的要素的建模，就是社科领域进行科学研究的手段与方法。正是因为目前我们在社科领域缺乏科学研究方法，因此得不到世界的认可，这也是我国改革开放 40 多年取得如此巨大成就，却没有一位诺贝尔经济学奖获得者的原因之一。

4. 中西思辨

在人类发展历史的长河中，以易思维为基础的东方思维方式，其最精华的部分就是系统思维；而以分割思维为基础的西方思维方式，其最精华的部分就是科学思维。这两种思维方式创造了人类灿烂的文明，推动了人类前行的步伐。易思维与分割思维各有其优劣，见表 3-1。

表 3-1　东西方思维方式优劣对比：中西思辨

	东方易思维	西方分割思维
优点	系统性、宏观性、定性的 联系性、变化性、特殊性	精准性、微观性、定量的 量产性、规律性、普适性
缺点	不精准、难复制、难普及	碎片化、应变差、难创新

我们的民族、文化、目标自信，部分来源于我们是系统思维的发源地！

我们需要向西方学习的，正是我们所欠缺的科学及科学思维方式！

我们倡导：用东方思维中的系统思维及西方思维中的科学思维来武装头脑。当分析宏观的、定性的、特殊的问题时，要多用系统思维的方法；在分析微观的、定量的、普遍的问题时，要多用科学思维的方法。

在具体思考问题时，可以使用一个"系统性 + 科学性"解决问题的过程，其整体框架体现了系统思维的特点，而具体分析采用了科学思维的方法，图 3-10 所示。

在实际解决问题的时候，不论是宏观还是微观问题（这里的宏观与微观是指事物的大小），都应该将这两种思维方法综合使用，缺一不可。对整体宏观问题，要注重系统思维；对局部微观问题，则更加注重科学思维。

（1）定义问题：问题的内涵与界定

（2）确定解决问题的目标：团队共创—共启愿景

（3）分析问题：9个WHY、SWOT、鱼骨图、PESTEL分析

（4）提出潜在的解决方案：头脑风暴（强调创新性）、5W2H1R法

（5）评估方案：难易—有效矩阵，SMART原则审视

（6）制订行动计划：SMART原则、5W2H1R法

（7）扫清计划实施的障碍：9个WHY、SWOT、鱼骨图、PESTEL分析

（8）监测与评估：德尔菲专家评估法、六顶思考帽

图 3-10　一个"系统性 + 科学性"解决问题的过程

思维方式3：同步思维

针对团队学习缺乏同步思维导致集体思维混乱的思维障碍，我们采用结构化同步思维方法来解决。

团队学习时，成员作为个体，每个人的思维都是有条理的。但是作为团队，由于每个人的思维不同步，在一个时点上，整个团队的思维却是混乱的，这影响了团队成员之间的有效沟通。因此，我们需要放慢团队垂直思维的脚步，加入水平思维，并分别将垂直思维和水平思维结构化。结构化就是逻辑化，即按照预先设计、规划好的团队思维逻辑结构，逐步开展团队学习，如图3-11所示。

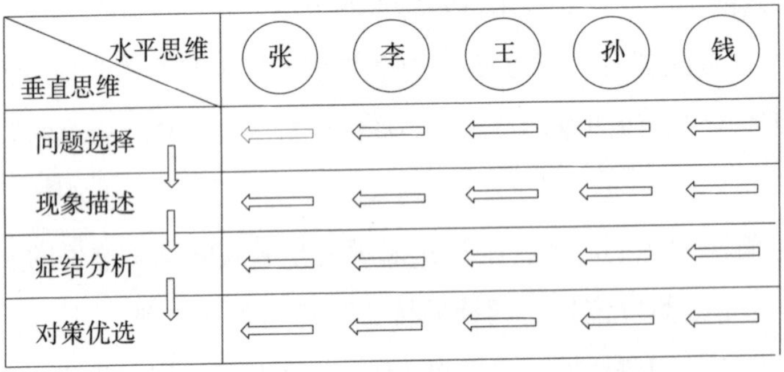

水平思维 垂直思维	张	李	王	孙	钱
问题选择	⇐	⇐	⇐	⇐	⇐
现象描述	⇐	⇐	⇐	⇐	⇐
症结分析	⇐	⇐	⇐	⇐	⇐
对策优选	⇐	⇐	⇐	⇐	⇐

图3-11　垂直思维嵌入水平思维的立体思维

结构化是指3个方面的结构化：

（1）研讨步骤结构化：5个主要步骤。

（2）研讨形式结构化：合分合三段式。

（3）研讨内容结构化：议题相关的多种逻辑结构。

值得注意的是，团队学习结构化是随学习的议题、时间、对象等条件变化而灵活设计规划的，尤其是研讨内容结构化是与议题相关的、不同结构的设计。目前，存在着将结构化研讨结构僵化的问题。例如，不管议题如何都用一个结构，即采用问题—原因—对策这个结构，结果造成团队学习失败。

研讨内容结构化的考量因素有：

（1）由议题的目的（需求）决定。

（2）由研讨的时间决定。

（3）由引导者对内容的理解决定。

（4）由引导者对议题的分解决定。

（5）由一般思维逻辑决定。

我们需要根据议题来确定研讨内容的逻辑结构：

以"问题"为导向的研讨时，可以考虑问题—原因—对策结构。

以"目标"为导向的研讨时，可以考虑目标—条件—路径结构。

以"转变"为导向的研讨时，可以考虑目标—现状—转变结构。

以"提升能力"为导向的研讨时，可以考虑要素—标准—提升结构。

以"学习落实"为导向的研讨时，可以考虑领会—重点—措施结构。

另外，团队学习不仅要同步垂直思维，也要同步水平思维。笔者目前已将主要的团队学习组织形式垂直及水平结构细化。

途径5： 创组织结构再造

团队学习的组织障碍主要是组织的体制与机制造成的，其中体制主要是指组织结构。由于工业革命以来绝大多数组织结构是科层制，这种组织结构天然地造成组织内部沟通不畅、官僚主义、效率低下，形成时间长或规模庞大的组织尤甚。为了改变这种情况，世界上各种组织对组织结构进行变革与再造。团队学习是沟通下的学习，将不利于沟通的组织结构改造成能够有效沟通的组织结构，就是提升组织学习力的方法之一。

一、组织结构再造

组织结构再造将由"单向作用"联系形成的科层制组织机构，改造成"相互作用"联系形成的系统联动和扁平化组织机构，这是自20世纪90年代以来顺应信息时代发展而进行的组织结构再造活动的思路与方法。根据系统学原理：系统的结构决定系统的功能，组织结构决定了组织功效（见图3-12）。

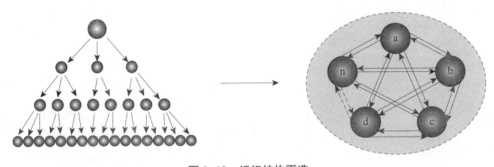

图3-12　组织结构再造

二、两种典型的组织结构变革

随着信息技术的发展，组织面对社会变革，要求各种组织为适应环境变化，需加强内部沟通协调，充分利用各种资源，灵活快速地应对各种状况。世界上各个国家，尤其是西方发达国家的企业组织变革风起云涌，总体思路就是：一方面从组织结构纵向上减少层级，即扁平化；另一方面从横向上促进各部门的沟通联系，即联动机制。在诸多的变革实践中，有以下两种典型的组织结构变革形式。

组织结构变革1：权力结构转换

权力结构转换是指将正金字塔变为倒金字塔的变革：①它使员工的知识、能力、技术持续提升，获得了独立处理问题的管理才干。②对组织进行分权，将权力从领导手中分散到组织成员手中，使他们可以直接处理自己职责范围内的事情，而不必再层层请示。③倒金字塔的上端是与用户直接接触的员工，意味着真正的顶层是广大用户（见图3-13）。目前，海尔集团等多家企业的实践正是这种组织变革的真实体现。

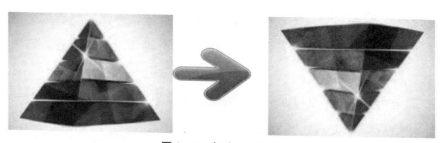

图3-13 权力结构转换

组织结构变革2：建立弹性系统

弹性系统是指组建机动的跨职能、跨组织团队。它突破了部门分工的严格界限，为实现某一特定目标和任务，实现职能的重新组合，建立跨职能的机动团队，增强组织的活力、效能与系统整体合力。这种活性化、功能综合化的团队，不仅在某个组织内部，而且突破组织界限，出现了一种为实现某一目标集诸家之长的新型组织组合，以形成更大的优势，增强竞争力（见图3-14）。

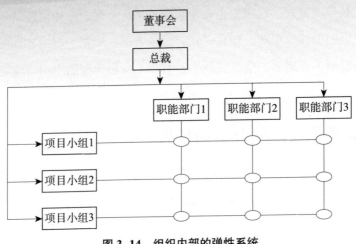

图 3-14　组织内部的弹性系统

在组织内部建立的弹性系统，一般是矩阵式的。值得注意的是，矩阵式结构是在纵向固定的职能部门的基础上，加上横向弹性的项目组织，使条块分割的各部门连接起来成为联动的整体。弹性系统重在弹性，一定是随项目建立而建立，随项目完成而解散的。如果项目完成，弹性组织成员不依照新的情况回归职能组织或进入新的弹性组织，将会增加组织的臃肿，破坏组织的绩效。

党的十八大以来，以习近平同志为核心的党中央，针对军队科层制的管理弊端，对军队体制改革作出了历史性的贡献，必将大大提升我军的战斗力。总体来讲，即军委管总、军种主建、战区主战的管理体制（见图 3-15）。

从管理学上讲，军种即纵向固定职能部门，战区即弹性项目组织。战区除高管层外，所有人员的组织关系都在军种内。只有在执行具体的任务时，战区根据需要，从相关军种抽调各种人员装备，组成特别项目组织进行战斗。这种项目组织随项目成立而建立，随项目完结而解散，是弹性组织。这样的组织形式解决了科层制官僚死板滞后的问题，大大提升了组织内部的协调沟通能力及组织资源的利用率，提高了组织的绩效水平。另外，军种与战区的分权配置，即军种主建、战区主战的权力设置，彻底规避了历史上经常出现的军阀割据的可能性。应该说，这是一次历史性的变革。

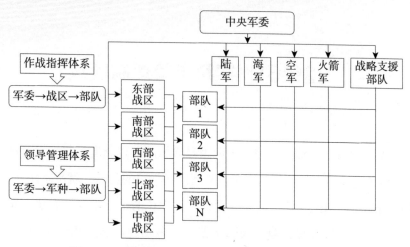

图3-15　军委管总、军种主建、战区主战的管理体制

　　对干部集中培训来说，由于培训项目的多样性，每个培训项目差异较大，单纯用职能制管理势必造成现实中大量不可解决的问题。必须改变思路，从结构上下功夫。这也是笔者提出的干部集中培训五维创新模式中的其中一维创新，即组织管理运作模式从以职能制为主转变为以项目制为主的原因。

途径6： 实科学管理制度

造成团队学习组织障碍的另一大原因是组织的管理制度，即组织通过一定的程序制定出的管理组织的依据和准则。开展团队学习的目的，就是要建立开放的、持续改进与创新的组织文化，而建立先进组织文化的手段主要是靠建立先进的制度文化来实施，包括领导体制、人际关系以及各项规章制度和纪律等管理制度。一般的组织管理制度主要存在 7 个主要问题。

一、7 个主要问题及其解决方法

组织管理制度主要存在的 7 个问题，如图 3-16 所示。

图 3-16　组织管理制度主要存在的 7 个问题

问题 1：缺乏规范

组织管理制度是组织成员在业务活动中共同遵守的规定和准则的总称，组织管理制度的表现形式或组成包括组织机构设计、职能部门划分及职能分工、岗位工作说明、专业管理制度、工作或流程、管理表单等管理制度类文件。组织为生存和发展需要而制定系统性、专业性相统一的规定和准则，就是要求员工在职务行为中按照组织经营、生产、管理相关的规范与规则来统一行动、工作，如果没有统一的、规范性的组织管理制度，组织就不可能在管理制度体系正常运行的条件下，实现组织的发展战略。

具体的、专业性的组织管理制度一般是由一些与此专业或职能方面的规范性的标准、流程或程序，规则性的控制、检查、奖惩等因素组合而成的。

组织管理制度主要由编制管理制度的编制目的、编制依据、适用范围、实施程序、编制过程、与其他制度之间的关系等要素组成。

规范性的要素有：管理制度中的编制目的、编制依据、适用范围、制度构成等。规则性的要素有：构成管理制度实施过程的环节、管理制度实施的具体程序、控制管理制度实现或达成期望目标的方法及程序、形成管理制度的过程、完善或修订管理制度的过程、管理制度生效的时间、与其他管理制度之间的关系等。

特别要注意的是，规范、实施组织管理制度是需要规范性的环境或条件的：①编制的制度是规范的，符合组织管理科学原理和组织行为涉及的每个事物的发展规律或规则。②实施全过程是规范的，全员的整体职务行为或工作程序是规范的。只有这样，组织管理制度体系的整体运作才有可能是规范的，否则将导致管理制度的实施结果呈现不规范的状态。

问题2：僵化不变

组织管理制度的规范性要求组织管理制度呈稳定和动态的统一，而不是长年僵化不变。但是，经常变化的规范也不一定是好规范，应该根据组织自身发展实际实现相对的稳定和动态的变化。在组织发展的过程中，管理制度应具有稳定的周期与动态的时期，这种稳定周期与动态时期是受组织的行业性质、产业特征、人员素质、组织环境、领导个人因素等相关因素综合影响的。组织应该依据这些影响因素的变化，控制和调节管理制度的稳定性与动态性。

导致规范性的管理制度动态变化的因素一般有以下三种情况：

（1）组织经营环境、经营产品、经营范围、全员素质等是会经常发生变化的。这些因素的变化会引发组织结构、职能部门、岗位及其员工队伍、技能的变化，继而会导致执行原有管理制度中规范规则的主体发生变化，管理制度及其所含的规范规则因素必然因执行主题的变化而作相应的改变或进行修改和完善。

（2）产品结构或新技术的应用导致生产流程、操作流程的变化。与生产流程、操作程序相关的岗位及其员工的技能必然要随之变化，与之相关的管理制度及其所含的规范、规则、程序等因素必然因此而改变或进行修改和完善。

（3）因为发展战略及竞争策略的原因，组织需要不断提高工作效率、降低生产成本、增加市场份额。当原有的管理制度及其所含的规范、规则、程序成为限制提高生产或工作效率、降低生产成本的主要因素时，就有必要重塑组织机制，改进原有管理制度中不适应的规范、规则和程序。

问题3：落后守旧

组织管理制度的动态变化需要组织进行有效的创新，也只有创新才能保证管理制度具有相对的稳定性、规范性。合理、科学地把握好或利用好时机进行制度创新是保持管理制度规范性的最佳途径。

组织管理制度是管理制度的规范性实施与创新活动的产物。通俗地讲，管理制度 = 规范 + 规则 + 创新。这是因为：①管理制度须按照一定的规范来编制，同时管理制度的编制也是管理制度的创新，创新过程就是管理制度文件的设计、编制，这种设计或创新是有其相应的规则或规范的。②管理制度的编制或创新是有规则的，起码的规则就是结合组织实际，按照事物的演变过程依循事物发展过程中内在的本质规律，依据组织管理的基本原理，实施创新的方法或原则，进行编制或创新，形成规范。

管理制度的规范性与创新性之间是一种互为基础、互相作用、互相影响的关系。良性的关系是两者保持统一、和谐、互相促进的关系，非良性的关系则是两者割裂甚至矛盾的关系。各种组织应该努力使管理制度的规范性与创新性之间呈良性关系，规范性是创新的产物，现行的管理制度中规范性是前期管理制度创新的目标，同时，又是下一轮创新的基础。只有这样，组织管理制度才能在规范实施与创新的双重作用下不断完善、不断发挥其保证与促进组织发展的作用。

问题4：难以执行

组织管理制度难以执行要从以下3个层次上考虑：

（1）从组织高层来考虑。组织管理制度是以组织的战略为基础的，组织高层领导是组织战略的制定者，战略目标本身应该是可以执行的。同时领导要以身作则，勇于挑战现状，并能说服和引导下属共识目标，依靠科学、合理的制度激励全体员工向目标进军。

（2）从组织中层来考虑。组织中层管理者是参与制定组织管理制度的主要人员，管理制度体系中的具体规则、流程、方法常常是由他们制定起草的，因此，制度本身是否科学、合理、可执行对组织管理制度执行至关重要。目前，许多组织执行力不够，实际上很多情况是管理制度本身的问题。管理制度必须可以将高层的战略意图明确体现出来，并可以依据管理制度稳步实现组织战略目标。

（3）从组织基层来考虑。组织基层员工对组织制度贯彻落实主要有两方面的影响：一方面是否有能力按照制度流程完成本职工作；另一方面是否真心实意努力完成本职工作。所以，对组织领导来说，使员工依据管理制度高效地开展工作达成组织目标，要做两方面的工作：①知人善用，将合适的人放到合适的地方。②有效调动人员的积极性和创造性。

问题5：缺乏透明

组织管理制度要透明必须用以下3个方面来保证：

（1）制定制度的目的、手段、方法要公开透明。如果广大员工不知道有关制度的初衷与目的，就不能很好地理解制度及执行制度。当制度不符合实际时，如果不懂有关制度的制定方法，就不知道如何改进、完善制度。

（2）执行制度的过程和结果要透明。执行过程及结果不透明，会产生暗箱操作，导致不公平、不公正及腐败，会使组织潜规则盛行。制度的不公平是最大的不公平。

（3）制度本身要明确可执行。制度本身的不可执行，会使执行过程和结果含糊其词甚至达不到预期效果，无法透明。

问题6：责权利不明

管理制度责权利不明会造成推诿扯皮、暗箱操作及无法执行。管理制度责权利的明确要遵循以下3个原则：

（1）制度赋予的责任要与工作目标相匹配。与战略目标无关的机构和人员都应裁撤，由目标导向来做职能分工。

（2）制度赋予的权力要与工作过程相匹配。基于目标的工作流程要赋予承担责任的人员相应的工作权力。

（3）制度赋予的利益要与工作结果相匹配。制度赋予的利益不是看工作表现，而是以结果来衡量。

问题7：定用脱节

许多组织管理制度的制定者与执行者脱节，造成制度不适用。因此，制定者要：

（1）在制度订立前做好调研工作，充分听取执行者的意见和建议，了解使用条件。

（2）在执行的过程中，加强定时、定点监察并随时听取反馈意见。

（3）执行后及时检测结果。

二、管理制度制定的5个要点

管理制度制定的5个要点，如图3-17所示。

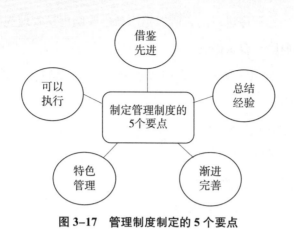

图 3-17 管理制度制定的 5 个要点

要点 1：借鉴先进

新建组织在借鉴、学习其他组织先进的管理制度时，要活学活用，绝不能生搬硬套和拿来主义。要围绕自身实际，学习先进组织的管理新理念，管理者要大胆解放思想，追求管理创新，摒弃陈旧的管理观念，用所学到的科学管理理念、方法来教育组织成员理解、执行组织的管理制度，使全体人员的思想观念、工作作风合乎自身发展的要求，主动参与、配合、支持管理。

要点 2：总结经验

任何事物的先进与落后都是相对的。作为管理者，应当清晰地认识到，其他组织管理中最好的东西，放在自己这里运用并不一定是最好的，要树立管理中的自信："适合自己的才是最好的。"因此，我们在新建组织的生产经营管理初期，就应当结合自身的实际和需要，在管理工作实践中，不怕困难，不怕挫折，认真审视自己管理工作中的不足和问题，并不断总结、完善、修正来提升管理工作水平，以建立健全真正意义上科学的现代组织管理制度。

要点 3：渐进完善

新建组织的管理制度在管理工作过程中一般是沿着从无到有、从简单到复杂、从困难到容易的顺序进行的，所以循序渐进原则也是管理规律的反映。贯彻循序渐进的管理原则，要求做到：

（1）管理制度设计者要按照管理的系统工程进行编制，不能想当然地让制度缺失并出现空当。

（2）管理者要从组织管理的实际出发，由低向高、由简到繁，通过日积月累，逐步提高管理制度的针对性和时效性。

（3）管理制度要贯彻执行到组织各项工作的每个环节中，如行政管理制度、人力资源管理制度、安全生产管理制度、财务制度等，做到现代组织管理中责、权、利的有效结合。

要点 4：特色管理

正确评估，审视自身，走具有组织特色的管理道路。每个组织的条件不同，没有绝对正确的模式，但有相同的大框架。

（1）有效宣传制度，制度得到员工的普遍认同和理解，才不至于成为空中楼阁，才有可能得到贯彻和执行。

（2）对制度执行过程中不断出现的问题和困难，应当有一个正确的认识和评估，既不附和也不盲从，既不骄傲自大也不悲观消极，以科学、客观、公正的态度对待它。

（3）对制度进行适时的修改和完善，旧的管理观念一旦进入管理者的潜意识，就容易根深蒂固，一时无法清理干净，所以，因地制宜适时进行修改和完善制度是一个正常的、必要的过程，需要管理者有足够的勇气去自我调整或自我否定。

要点 5：可以执行

现代组织管理制度强调针对性和实效性，注重责、权、利明晰。

因此，新建组织管理制度一旦形成将面临的最大困难是什么？归根结底是执行力问题。执行力差归结为以下 4 个方面的因素：

（1）领导的管理水平决定组织管理的整体水平和效果。

（2）中层管理队伍的管理艺术和水平决定了组织管理的综合实力。

（3）职工对管理制度的理解和支持程度决定了组织管理制度的最终命运。

（4）制度本身要可以执行，应用SMART原则审视管理制度。

因此，解决可以执行问题就要从以上4个方面入手。

三、组织管理制度对创建先进组织文化的作用

组织文化（organizational culture）是某一组织由其价值观、信念、仪式、符号、处世方式等组成的特有的文化形象，简单而言，就是组织在日常运行中所表现出的方方面面。

组织文化是指在一定的条件下，组织业务经营和管理活动中所创造的具有该组织特色的精神财富和物质形态。它包括组织愿景、文化观念、价值观念、组织精神、道德规范、行为准则、历史传统、组织制度、文化环境和产品服务等。其中价值观是组织文化的核心。

1. 建立系统科学的管理制度是创造先进组织文化的基础

组织文化由以下3个层次构成：

（1）物质层。表面层的物质文化，称为企业的"硬文化"。物质层是组织文化的外在表现，通过制度文化规范下的行为模式、标识特征等将理念形态文化展现出来，包括外貌、设备、产品、外观、质量和标识等。

（2）制度层。中间层次的制度文化，是具体物化的、对组织和员工的行为进行约束和规范的行为准则体系，包括领导体制、人际关系以及各项规章制度和纪律等。

（3）理念层。核心层的精神文化，称为"软文化"，包括各种行为规范、价值观念、组织的群体意识、职工素质和优良传统等，是组织文化的核心，被称为组织精神，反映了组织的信仰和追求，是组织的灵魂，是形成制度文化和物质文化的思想基础。

组织文化的本质，是通过组织制度的严格执行衍生而成，制度上的强制或

激励最终促使群体产生某一行为自觉，这一群体的行为自觉组成了组织文化。从这个意义来讲，建立系统科学的管理制度是创造先进组织文化的基础。

组织管理制度是在生产经营实践活动中形成的，对人的行为带有强制性，并能保障一定权利的各种规定。从组织文化的层次结构上看，管理制度属中间层，它是精神文化的表现形式，是物质文化实现的保证。管理制度作为职工行为规范的模式，使个人的活动得以合理进行，内外人际关系得以协调，员工的共同利益受到保护，从而使组织有序地组织起来为实现组织目标而努力。

2.先进制度创造先进文化，落后制度造成落后文化

组织管理制度是组织文化的内容之一，管理制度是组织内部的法规，组织的领导和企业职工必须遵守和执行，从而形成约束力和影响力。先进制度创造先进文化，落后制度造成落后文化。

面对愈加激烈的市场竞争，企业需要不断地应对来自国内外的各种挑战。想要实现组织管理的有效进行，保持可持续发展，就必须实现管理制度和组织文化之间的有效融合，达到共生与双向互动。对管理制度和组织文化之间的关系进行深入的剖析，正确处理两者之间的关系已成为当今组织提高核心竞争力的重要途径。组织文化涵盖组织的物质文化、行为文化、制度文化和精神文化，不管是组织的外在表现，还是内在精神，都是组织文化的构成部分，而管理制度本身就能体现组织文化。

1997年，华为总裁任正非感觉华为有点儿管不动了。这一年，华为的销售收入为41亿元，位列中国电子百强榜前十名，公司员工人数超过5 600人。他通过考察研究决定，直接对体制动刀，拜当时管理最先进的公司为师，让华为彻底成为一家现代化公司。

从1998年开始，华为引入了世界上最先进的管理体系，并结合自身实际，建成了高效的组织管理制度体系。华为的产品研发体系是IBM帮助设计的，人力资源体系是Hay Group帮助设计的，组织结构是Mercer帮助设计的，财务体系是普华永道帮助设计的，销售体系是埃森哲帮助设计的，供应链体系又是IBM帮助设计的，等等。

2014 年，任正非谈道，近 20 年来，我们花费数十亿美元从西方引进了管理……西方公司自科学管理运动以来，历经百年锤炼出的现代企业管理体系，凝聚了无数企业盛衰的经验教训，是人类智慧的结晶，是人类的宝贵财富，我们应当用谦虚的态度下大力气把它系统地学过来。

在 2018 年财务报表中，华为在全球范围的收入达 7 212 亿元，同 2017 年相比增长 19.5%，净利润 593 亿元，同比增长 25.1%。与微软营业收入 1 104 亿美元接近。而当年中国的三家互联网公司，中国第一大电商阿里在同年营收为 2 502.66 亿元，百度为 1 038.77 亿元，腾讯 3 126.94 亿元，这三家的营业收入加起来共计 6 668.37 亿元，没有华为一家的营业收入高。这一成绩，是华为多年奋斗的结果，与华为先进管理制度体系的建立和高效运行分不开。

3. 组织管理制度化过程是推动组织文化发展的重要手段

组织管理制度化过程是推动组织文化发展的重要手段。如何让员工认同组织文化，并转化为自己的行为，是组织文化建设中的关键内容。体现组织核心理念的管理制度可以强化组织文化，经过长期反复的实践与完善，成为员工共同认可的思想。组织文化有着促进管理制度有效实施和不断创新的作用。

在组织文化形成之前，制度执行只能靠外在的监督进行约束，一旦监督不力员工就极有可能不按要求去做，管理成本很高。而组织文化一旦形成，员工的行动就会变成一种自愿的行为，无须加强监管。

优秀组织文化的建设，可以激发员工的"自律意识"，从而降低管理成本，更有助于组织长期稳定的发展。

四、组织管理制度与团队学习的关系

首先，组织管理制度的建立、修正、完善及创新，将使这些工作更为有效。其次，由于所有相关员工参与了组织管理制度的建立、修正、完善及创新工作，这些制度得到了更好的实施和执行。最后，所有相关员工的参与对团队建设起到了更大的作用，有助于建立开放的、持续改进的、创新的组织文化。

途径7： 习有效引导技术

虽然，越来越多的人认识到了团队学习的意义与作用，但是真正有效的团队学习并不多见。这是因为团队尤其是初期团队不能自动自发地开展团队学习，必须有掌握团队学习引导技术的人进行有效的引导，才能真正开展起来。

引导团队学习是一项系统工程。就过程来讲，学习前、学习中及学习后都要通盘考量。笔者针对中国干部集体学习实际，创造性地总结出引导团队学习的三步八要点引导技术。引导好一次团队学习有三步：确定议题、设计方案和实施过程，重点在设计方案；设计好团队学习的方案需注意八要点：角色定位、明确目标、建立机制、了解条件、克服障碍、确定步骤、选择工具和持续改进（见图 3-18）。

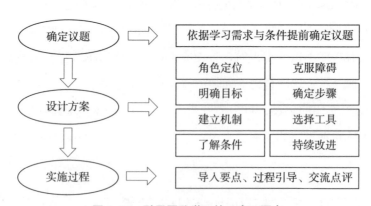

图 3-18　引导团队学习的三步八要点

第一步：确定议题

组织实施一次具体的团队学习，第一步就是要依据学习需求与条件提前确定议题。

一、确定议题时容易出现的主要问题

（1）一次多题。一次团队学习，讨论多个议题。每个议题都是蜻蜓点水，泛泛而谈，不能将所谈议题扎实、深入、细致地研究下去，无法解决实际问题。因此，团队学习应该一次一题，抓住某一议题，全面、系统、科学地加以分析解决。

（2）临时决定。临时决定团队学习的议题。由于不同的议题有不同的逻辑结构，临时起意，使团队学习杂乱无章，无法协调团队成员学习的思维逻辑。因此，团队学习的议题必须提前确定，一时兴起的临时决定，很难将团队学习真正开展起来。

（3）议题太大。在干部培训中，研讨的议题太大是指议题是宏观的，且主要是由体制机制决定的。这类议题常常是研讨者本身无法控制和解决的，现实意义不大。

（4）难以聚焦。由于团队成员的差异，造成议题发散、难以聚焦，如讨论实际工作中的重点难点问题，由于干部培训班的学员常常是从不同的单位来的，在微观层面上有其各不相同的问题，所以具体问题难以聚焦。

（5）难以简化。相比研讨时间，有些议题的逻辑结构难以简化，硬要简化会使团队学习的逻辑不完整，引起团队成员的困惑。

（6）争议太大。有些议题的方向或目标有较大的争议，目标难以达成共识。这样的议题不但难以研讨，可能还会产生副作用。

（7）议题陌生。引导师对议题过于陌生，以至于难以理解议题的框架与结构，无法设计出符合议题的合理的团队学习逻辑结构。或者是领导对议题十分陌生，无法理解研讨成员的思想，对领导不了解但需要领导拍板的议题，组织者需要提前告知相关领导相关内容。

二、议题的来源

集中培训与实际工作中的团队学习，其议题来源不尽相同。集中培训团队学习议题的来源主要有以下几个方面：

（1）由学员提供。在培训中，许多培训机构提前要求"3个带来"，还有学员到校后现场选择问题和话题。

（2）由委托单位提供。学员单位根据组织要求提出的议题。

（3）由培训方依据教学需求决定。党校、行政学院等培训机构根据培训主题、形势要求及过往经验，依据教学需求提出的议题。

（4）由引导师依据团队学习要求决定。作为团队学习方案的设计者，引导师要依据培训条件，根据培训内容、时间、场地、人员的不同，选择不同的议题。

在实际工作中，团队学习的议题来源主要有以下几个方面：

（1）组织会议。在组织会议中，当领导需要了解大家的意见时，可以开展团队学习，这个过程需要在会议之前考虑并设计。临时征求意见几乎得不到真正有效的建议，因此会议组织者要提前与领导及成员沟通，确定讨论的议题与步骤。

（2）组织遇到的问题。当组织遇到的问题需要大家群策群力时，问题就是议题。

（3）组织需要达成共识。当组织需要就目标及行动方案达成某种共识时，这个共识就是议题。

（4）组织行动的方案。当组织需要研究行动计划时，应先开展团队学习，得到一个或几个行动方案供组织领导决策，这个行动方案就是议题。

（5）组织行动的复盘。组织行动的复盘是指行动过后的反思与总结，主要由回顾—评估—分析—总结4个部分组成，这个复盘即议题。

三、议题的选择

集中培训过程中，议题选择是关键，议题选择主要是指集中培训状态下的，工作状态下是没有议题选择问题的。议题选择应考虑以下几个因素：

1）与培训班种类相关

不同的培训班，议题不同。目前，就培训内容来讲，领导干部培训班主要包括两大类：一类是领导素质和能力相关的综合培训班；另一类是与党和政府事业息息相关的重点、难点及热点问题的专题培训班。

（1）综合培训班多选择一般素质能力提升的议题。例如，如何提升领导力？如何提升执行力？如何成为一名卓越领导？如何当好副手？等。

（2）专题培训班多选择与培训专题相关的议题。例如，扶贫工作中的主要问题及对策，目前党建工作中存在的主要问题及对策，事业单位改制的目标、条件及路径等。

2）与学员职级与行业相关

学员职级与行业决定了他在工作中遇到的问题不同，团队学习的议题必须与其工作相适应。不同级别领导的工作内容、范围及性质不尽相同，同一级别正副职的工作也不一样。另外，不同行业领导的工作也不相同。因此，干部培训有分级分类的培训原则。因此，我们在确定团队学习议题时，要依据不同级别、不同类别的领导特点，选择普遍关注的议题开展团队学习。

3）与培训时间相关

团队学习的议题选择与时间相关。集中培训中的团队学习都是有时间限制的，如果选的议题在限定时间内难以完成，将影响学习的效果。所以，议题的选择要考虑时间因素。例如，在半天的结构化研讨中，选"如何搞好扶贫工作"这个议题，就不如选"扶贫工作中的主要问题及对策"这个议题。前者需要讨论扶贫工作的方方面面，半天时间根本无法讨论出整体框架，只能是一些碎片化的观点；而后者可以只聚焦某个主要问题，深度解析，解决这个问题，使整个研讨完整有序。

在实际工作中，议题的选择并不是问题，它与议题的来源是一致的。因为工作中开展团队学习，与人员、场地、时间限制无关。

4）与培训形式相关

确定团队学习的议题也与不同的团队学习组织形式相关，如用结构化研讨形式选择的议题与用座谈交流形式选择的议题不尽相同。

四、与议题相关的学习团队的组建

学习团队的组建有两种方式，都与议题密切相关。

（1）先建团队后确定议题。在集中培训中，先建团队常常是指特定的班次中已经形成的小组。一般是均衡分组，打乱地区或单位划分，形成在培训期内相对固定的小组。在这样的分组团队学习时，议题是后确定的。这样的议题确定是与这个特定班次的培训主题密切相关的，具有班级的普适性，即所有小组都可适用。

（2）先定议题后建团队。先定议题后建团队是指议题特别适用特定的团队。在某一具体的班级里，不同的议题适用于不同的团队。例如，研究课题组是由有共同兴趣的几个人组成的团队。

在实际工作中，学习团队的组建一定是和议题相关的。因此，大多是先有议题后组建团队或是在实际工作团队中直接确定议题。

第二步：设计方案

根据确定的议题，团队学习要提前设计方案。在目前绝大多数团队学习中，设计方案主要考虑步骤或议程，这是远远不够的。因为团队学习的四大难点会导致学习的失败，所以为保证团队学习的顺利进行，应重点考虑以下 8 个方面，即八要点。

要点 1：角色定位

集中培训时，许多培训师在引导团队学习时，没有把握好自己在培训中的角色。有些培训师以不了解学员学习的内容为由，将研讨交流活动粗略化，在学习过程中完全让学员自己组织，这样的培训师是不作为。有些培训师熟知学员研讨的内容，在研讨的过程中参与到内容的研讨中，甚至决定研讨的方向和结果，这样的培训师是乱作为。

实际工作中的团队学习组织者，应该是领导或其代言人。在团队学习时，组织者尽量不发言或后发言，至少在亮观点时不发言。时刻牢记领导的意图，到底是想听大家的意见，还是想让大家听领导的意见。这就是领导者与引导者的角色定位。

（1）引导者的角色。团队学习引导者是团队学习过程的设计者、组织者及管理者。引导的目的是使参与者有效地进行团队学习。引导者关注学习过程，而不是学习内容。引导者不需要为参与者提供学习内容上的个人观点，而是向大家提供系统的、结构化的学习过程和思考工具。引导者不偏袒任何一方的观点，而是要保证全员参与并能够分享。引导者不对学习内容中的一些方向性和决策性的问题做判断，而是支持参与者反思自我、厘清思路、共识目标，并制订出行动计划。作为团队学习的引导者，对学习内容而言，保持意见中立是非常重要的。

（2）引导者与讲授者的角色定位及转换。在集中培训中，从学员的学习形态来讲，培训的教学方式只有两种：一种是针对个人学习的讲授式教学方式；另一种是针对包含了团队学习的互动式教学方式。

在互动式教学方式中，培训师既是课程讲师又是团队学习的引导者，这就要求他不得不参与到学习内容的研究中来，见表3-2。

表3-2 引导者与讲授者的角色定位及转换

角 色	引 导 者	讲 授 者
学习形式	团队学习	个人学习
教学形式	互动式	讲授式
作用	使人动	自己动
控制	过程	内容
关注	学习的方式方法	学习内容的逻辑
定位	幕后、局外	台前、局内

在多数互动式教学中，角色随着两种情景不断转换。

在讲解内容时，团队实际上在进行个人学习，作为讲授者，主要考虑学员能否听得进去，并能否引发他们的思考与共鸣，这个时候讲授者关注的是学习内容，引导的主要是思维的互动，而不是简单的问答。针对个人学习，讲授的内容是教学的核心，讲授的方式方法是次要的，无关大局。"内容为王"指的就是讲授式教学形式的好坏由所讲授内容是否精彩而决定。对干部培训来讲，好的专题讲授是一种道术相融的讲述。有道，是指讲授者形成了自圆其说的理论体系。有术，是说讲授者有具有操作性的方法流程。道中有术、术中含道、道术相融。这种讲授引发学员共鸣，帮助学员梳理知识系统，使学员醍醐灌顶、恍然大悟、豁然开朗。

在互动教学或互动环节时，团队实际上在进行团队学习，引导者主要考虑如何有效地互动，这个时候关注的是学习过程，将内容留给学员去探究。针对团队学习，引导的方式方法是教学的核心，引导者对团队学习的内容应持中立态度。好的引导技术有：①引发学员不断探询与反思。②提供有逻辑的思考方法。③突出思考的重点。④倡导科学思考。⑤完善系统思考。⑥引导结构的同步思考。引导者应学会控制团队学习的过程，控制学员学习的情绪、时间和节奏。总之，引导师关注的是过程而非内容。

（3）引导者与领导者的角色定位及转换。在实际工作中，有效的组织学习应该是组织领导亲自主导并参与的集体学习。组织领导在团队或组织学习中的角色定位及转换（见表3-3），决定了学习的成败。

有个简单的办法可使领导决定在团队学习中应该扮演何种角色：当你想获得大家的意见时，你应该扮演一个引导者的角色；当你想让大家听你的意见时，你应该扮演一个领导者的角色。

表3-3　引导者与领导者的角色定位及转换

角　色	引　导　者	领　导　者
方式	引导、启发	指导、命令
态度	民主	自主
作用	使人动	自己动
定位	幕后、局外	台前、局内
内容	内容中立	内容倾向
过程	控制过程	顺应过程
决策	不决	后决

（4）角色定位及转换中的主要问题。在进行互动式教学实践中，因为对引导者与讲授者的角色定位及转换认识不清，存在着两方面的问题：①常常发生在专业教师进行的互动式教学过程中的问题。有些教师在进行案例教学和结构化研讨时，在互动环节，即团队学习时参与了学员的内容讨论，并且还在学员发言时加入自己的意见。这种做法会关闭团队的思维空间，影响学员的发言意愿，直接破坏团队学习的有效开展。②非专业教师进行的互动式教学过程中的问题。这些

非专业教师可能是培训管理者、班主任、培训师等。他们在上互动课，如结构化研讨时，在开始导入及最后分享点评时，不能教给学员团队学习相关的方法论，不能梳理总结学员的总体意见和学习研讨成果，也就是说，他们不会对学员在个人学习时担当合格的讲授者。这样也会影响团队学习的效果。

所以，培训师如果能够充分把握个人学习与团队学习的特点和作用，才可以根据实际情况定位自己在培训中的角色，并采取相应的方法来应对各种问题。

实际工作中的团队学习，因为领导的角色认知误区导致团队学习不良也会产生两方面的问题：

（1）领导置身组织内团队学习之外，认为这主要是下级的事，不关自己的事。一般发生在两种情形下，一种是对组织成员的培训，认为是他们自己的事，作为领导只是过问一下而已，并没有将培训与实际工作的要求密切结合，很少或没有与工作相关的团队学习，更没有领导尤其是主要负责人参与的团队学习。这也是大部分组织培训对组织进步没有促进作用的原因之一。另一种是工作中的集体研讨，领导自认为与己无关而放任下级自己做，不加理会，使下属认为无关紧要，草草了事。

（2）在实际工作的开会探讨过程中，领导不能在领导者与引导者两个角色中互换，一直以领导者角色自居，组织成员由于心理障碍不敢说真话，造成团队学习失败。

领导尤其是一把手应该充分认识到，组织内的任何团队或组织学习都是与自己密切相关的，领导决定了团队与组织学习的成败。在学习中的角色转换是由学习的目的决定的。如果想听下级的意见，你要自觉地做好引导者或指派代言人作为引导者；如果想让下级听你的指挥，你要运用你的职权做好领导者。

要点2：明确目标

团队学习是以目标为导向的，因此明确目标是设计团队学习的要点之一。在干部集中培训中，有3个层次的问题：

（1）整体培训项目需要明确目标。培训目标由培训目的决定，目的由需求决定。集中培训一般应达成 3 个基本目标：①参训学员通过学习新东西、了解新形势、补充新知识、思考新问题，达到开阔眼界、增长知识、提高能力的目的。②通过团队学习，营造良好的学习氛围，达到学员之间及组织之间增进沟通、加强团结、促进工作的目的。③参训学员通过梳理知识系统、挖掘个人潜能、反思自我行为、共享团队经验，达到理论联系实际、自我超越、学以致用的目的。切实提高个人及组织的履职能力和解决实际问题的能力。除此之外，对于较高级别的干部专题研修班及较长时间的领导干部培训班，还应达到第 4 个目标，就是通过激发学员智慧、集思广益，促进学员为组织与政府建言献策，产生有价值的科研咨询成果，达到为党和国家事业服务的目的。

上述 4 个目标除第 1 个目标可以通过个人学习（听课）达成外，其他 3 个目标都必须通过团队学习才能达成。因此，团队学习是保证集中培训质量与效果的必然选择。而且，我们还要试图将每一次专题都转化为一次团队学习的议题，在有限的时间与空间中开展富有成效的团队学习，加强个人学习的成效。

首先，教学内容围绕培训目标 1 设计，针对不同的需求选择不同的培训师和课程。其次，团队学习围绕培训目标 2~4 设计，选择培训师自己可控的团队学习组织形式。再次，注重整个方案的系统性、连贯性、专业性和理论指导性。最后，要特别注重细节，如教室设置与时间控制等细节的设计。

（2）团队学习需要明确目标。除了对整个培训项目需要达成的目标进行考量外，我们还要明确每个模块、每门课程、每次活动以致每次互动环节的目标，包括阶段目标与终极目标是什么、学习交流的深度是什么、解决问题的程度有多深、成员参与的程度有多深等问题，都要在策划时逐项考虑。

提前确定目标，就可以对具体的团队学习有较稳定的预期。在引导过程中，可以把握节奏，掌控学员的情绪。避免因学员预期的不确定性而出现的失望质疑等负面情绪。好的团队学习引导，是可以避免产生所谓的"问题学员"的。

（3）学习议题需要明确目标。每个团队学习的议题应该从目标出发，首先使学员对议题的目标形成共识。从上一章了解到，组织的真正问题是与组织的目标密切相关的，离开了组织目标的问题都是伪问题。应该使学员认识到：以问题为导向的思维方式是局限思维,以目标为导向的思维方式才是系统思维。

但是,有时由于课时限制,无法操作目标达到共识这一步,只能直接走到聚焦问题这一步。这时应该和学员解释,由于时间条件的限制,这是一种简化的结构研讨方式,不是目标不需要达成共识。简化结构是为了在限定的时间内,比较系统、完整地完成一次具体的团队学习议题。

实际工作中的团队学习都应该从目标出发,问题只是引发思考,目标才是解决问题的出发点和落脚点。直接从问题出发去解决问题,而不是回到原点明确目标的思维方法有可能会陷入局限思维的泥沼之中。因此,实际工作中的团队学习必须明确目标,这是开展团队学习的前提条件。

要点3:建立机制

共享机制是基础,反思机制是核心,行动机制是目的。团队学习要始终贯彻3种机制。

共享,使探询他人成为可能。反思的关键是自我反思,探询他人就是以人为镜反观自我,使反思成为自发行为。反思会引发思想转变,进而引起行为改变,这就是3个机制共同作用的结果。实际学习中,关键要能使大家在一个安全、理性、和睦的环境下坦率地共享真实的观点。

要点4:了解条件

每一次团队学习的条件各不相同。设计团队学习方案时,需要考虑5个主要条件:学习状态、规模、时间、场地及人员。针对不同的学习条件,需事先设计、策划好相应的团队学习组织形式(见图3-19)。

应该说集中培训的团队学习比实际工作中的团队学习所要求的条件要苛刻得多,我们以集中培训来说明这点。

(1)状态。状态是指团队是处于学习状态还是工作状态,是处于集中状态还是分散状态。团队学习在不同学习状态下的设计形式不同,所使用的思维工具和方法也不尽相同。

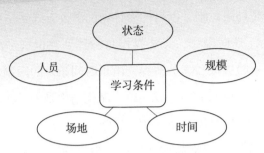

图 3-19 设计团队学习方案需考虑的 5 个条件

团队处于学习状态就是一般干部培训机构主要培训班次的状态，这个状态下存在集中和分散两种形式。集中是现在干部培训的主要培训形态，分散是指网上或远程培训形态。本书主要探讨干部集中学习状态，即学员在特定的时间段内，集中在一起的脱产培训。这种培训为团队学习创造了必要的条件，团队成员可以面对面地开展深度汇谈。网上或远程培训无法充分沟通，可做的团队学习十分有限。

工作状态下的学习就是行动学习。但是，目前普遍是指在一段较长的时间内，某实际工作团队就工作中的某个具体问题或项目，集中培训、研讨、交流，剩余的大部分时间在工作中学习、反思、实践。这种模式要求的条件较多：①学员必须来自具有共有行动学习主题的单位，一般是同一个单位。②学员有共同的领导，且这个领导是认可、倡导并支持这次行动学习的。③培训者不仅有引导团队学习的技术，而且有对此次行动学习主题的掌握与专业水准。④行动学习必须有可实施的行动计划与方案。因此，就目前以党校和行政学院系统为主的干部培训机构而言，大多不具备做较为专业的行动学习的条件。这也是多年来，许多干部培训机构，行动学习不能真正持续开展起来的原因。

但是，在一般的干部集中培训中，团队学习的条件是充分的，所以我们必须积极开展有效的团队学习。实际上，在为数不多且较为成功的行动学习实践中，可圈可点之处也是其中的团队学习较为成功。所以，笔者认为，我们需要大力推广和倡导的是团队学习，而行动学习缺乏持续开展的条件，不具备在干部集中培训中大范围推广的价值。因此，行动学习应是运用在实际工作中的团队学习。

（2）规模。规模是指参与学习的人数。人数的多与少，与团队学习的组织形式有很大的差异。例如，在相同的时间内，针对相同的研讨议题做一次结构化研讨，研讨结构可能有差异。人数多意味着每个人的发言时间少，讨论问题的深度浅，交流分享也不够充分。设计要充分考虑这个因素，在集中培训的条件下，学习目标不要定得太高，在实际工作中可以考虑随人数增加延长学习时间。

（3）时间。时间即学习时间的长短，时间长短不同的团队学习有巨大的差别，原则是不论时间长短，每一次相对独立的团队学习的逻辑结构都应是完整的。

针对不同时间团队学习的设计，容易产生2个主要问题：①时间较短的团队学习往往结构不完整，缺乏系统性。学员感觉学习碎片化、零散，找不到灵魂与主线。②时间较长的团队学习往往细节粗糙、缺乏科学性。学员感觉学习泛泛而谈，不切实际，没有可操作性，难以落地。

因此，必须根据时间长短来设计团队学习，不能不分青红皂白地照搬别人已有的组织形式。

（4）场地。场地是指学习场地的大小、室内还是室外和设备等条件。

团队学习对教室的要求主要有：①桌椅可以灵活搬动，可根据不同形式的团队学习具体设置。最不可取的是把固定座位的报告厅当培训班教室，除了听课，几乎无法开展任何互动式教学。②有足够的空墙供悬挂物品。尽量悬挂，可以促进共享、探询及反思，并且烘托团队学习的气氛，绝不是可有可无的"小儿科"。

白板、大白纸、白板笔、胶泥等是开展团队学习的必要教具，应在设计方案时考虑周到，提前准备。

在实际工作中，应该将工作场地设计得适合团队学习，会议室的桌椅可以灵活搬动，有用具方便成员悬挂假设，设有智慧共享平台和墙壁栏目等。

（5）人员。在集中培训时，人员即学员。

团队学习的组织形式与学习内容要符合学员的特点和需求，不能生搬硬套。例如，对领导干部培训班的热身活动，不能完全照搬对企业员工的拓展培训：①不要做剧烈活动。②不要做难度较大、不安全的活动。③避免做需要较大场地的活动。④每个活动将相应的思想和理念融进去，既能引发学员思考，又具有启发性。

总之，在目前的干部集中培训中，受师资条件、教室硬件的限制及时间压力较大，必须因地制宜、因时制宜、因人制宜、因班制宜地创新团队学习的组织形式。尤其在受到传统培训理念，即以听课为主、以满足个人需求为主的理念制约时，对委托单位的需求要把握"妥协与坚持"，并不断地创造需求，逐步获得委托单位的信任与认可。

实际工作中的团队学习人员，一定是与议题相关的人员，与议题无关的人员不能充数，如果需要可设立旁听席。

不管条件如何，原则是按照团队学习的需求设计学习过程，尽量促进互动性与参与性的增加。

要点 5：克服障碍

团队学习主观和客观障碍阻碍了团队成员之间的有效沟通，于是我们用促进沟通的方法来克服团队学习的障碍。又由于主观和客观障碍影响沟通的方式不同，需要用不同的办法来克服团队学习的障碍。在借鉴前人经验和自己摸索的基础上，我们发现可以用深度汇谈技术和系统、科学、同步思考原理来克服团队学习的主观障碍，通过组织结构再造和建立系统科学的组织管理制度来克服团队学习的客观组织障碍，建立先进组织文化和提供相应的学习条件来克服环境及条件障碍。实践证明，这些方法是可以有效地开展团队学习，并能获得良好效果的，如图 3-20 所示。

对于干部集中培训，团队学习的障碍主要反映在主观障碍上，即成员普遍存在的心理与思维障碍。

克服心理障碍的关键是营造安全、宽松、积极的，使人敢说真话的环境与氛围，用深度汇谈技术可以达到这个目的。

克服 3 个思维障碍的 3 个方法：

（1）对缺乏系统思维即局限思维，用系统思考方法。突破局限及碎片化思维的模式，引导团队成员多角度的系统思维，提高解决问题的能力，用系统思维

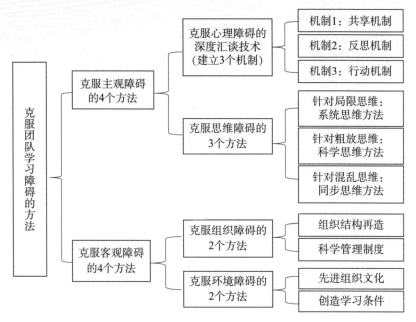

图3-20　克服团队学习障碍的8个方法

原理与方法可以满足这个需求。

（2）对缺乏科学思维即粗放思维，用科学思考方法。针对中国人普遍存在的不精准、难量化、难复制、不稳定、似是而非、边界模糊、规律不准、管理粗放的问题，要引导学员建立科学思考的方法和习惯，改善思维模式，促进思维进步。

（3）对缺乏同步思维即混乱思维，用同步思考方法。将团队学习过程中出现的团队成员思维不同步引起的思维混乱问题，用结构化和研讨规则及相关思维工具使团队思维同步。增进团队成员的沟通交流，更好地促进团队学习，提高团队智商水平，提升团队学习能力。

在实际工作中，针对团队学习客观障碍中的组织障碍，用组织结构再造的方法来解决。组织结构再造就是在纵向尽量使组织结构扁平化，并在横向使组织内的各个部分联动，增加组织内部的协调沟通能力。用团队学习方法建立科学、系统的管理制度，创造先进的组织文化。

以上方法均在前面的章节中有较为详细的阐述。

要点 6：确定步骤

团队学习的步骤要体现系统性、科学性及同步性，即结构化和同步化的特点。几乎所有从西方引进的团队学习组织形式和方法工具都体现了逻辑性、科学性的特征，我们需要学习借鉴的正是这个本质特点，而不是完全照搬具体的实现形式。我们要依据各种特定条件设计体现系统科学同步的团队学习步骤。

团队学习的步骤有：①实际工作中完整的团队学习步骤，常常是指行动学习。②集中培训中或实际工作中一次集中团队学习的步骤。

1）工作中的团队学习步骤。在实际工作中，完成一次团队行动学习循环有以下 5 个主要步骤（见图 3-21）。

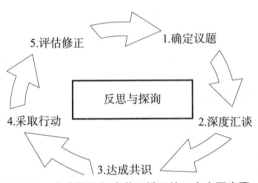

图 3-21　完成团队行动学习循环的 5 个主要步骤

（1）确定主题。每一次团队学习必须定好主题，一次只有一个主题，防止目标分散。

（2）深度汇谈。即深度沟通，这是团队学习能否开展的关键。集中培训或实际工作中一次集中的团队学习主要就是这一步。

（3）达成共识。共识主要是体现在目标上，而不是具体的行动计划。对行动计划达成共识是一个自然的过程，需要时间和许多条件的制约，我们只是将达成共识作为努力方向，即使在真正行动前也未必能做到。在行动计划没有达成共识，但又需要采取行动时，团队应该采用合适的民主集中制的方法来决定行动计划。

（4）采取行动。需要到工作中进行。

（5）评估修正。反思与探寻贯穿整个过程中。

行动学习一般多采用群策群力六步法、麦肯锡七步法、系统解决问题八步法、解决问题（群策群力）十步法等方法。强调的是科学的、系统的和结构化的思维方式及方法。值得注意的是，由于西方人分割思维方式的特性，在工作中常常以问题为导向，这对具体且局部问题是可以的，但对全局和战略性问题是有局限性的，使用时不可照搬。

2）集中培训中的团队学习步骤。在集中培训时，我们主要考虑工作中团队学习五步骤中的前三步及第五步，因为行动的条件不具备，这也是团队学习与行动学习的不同之处。

在具体培训或实际工作中的一次集中团队学习的步骤，要具备结构化和系统化的特点，可以按照逻辑思考过程将深度汇谈进行分解使其具备结构化的特质。例如，针对相应的议题，可以将深度汇谈的研讨按问题—原因—对策的结构设计，如图3-22所示。

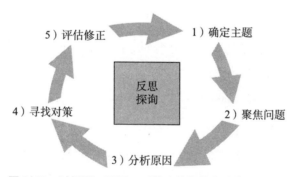

图3-22　以问题—原因—对策为结构的集中团队学习

图3-22中的团队学习步骤，不是固定不变的，其中第2~4步是团队开展深度汇谈时依议题灵活设计的步骤。它遵循系统思维原理，针对不同的条件制定结构化的步骤，并通过深度汇谈，将共享、反思、反馈3个学习机制隐含进去。

值得注意的是，深度汇谈的具体步骤要适合研讨内容，采用相应的逻辑结构来设计，如目标—条件—路径、要素—标准—提升、领会—重点—措施等结构，而不是必须用问题—原因—对策这个结构。

要点 7：选择工具

在组织团队学习时，要考虑使用合适的学习工具。选择工具首先要先分清团队学习的组织形式及方法工具。一种组织形式可以使用多种学习工具，随团队学习的条件不同灵活多变；一种工具可以用在多种组织形式中，常常是前人的经验总结。选择工具时要先确定团队学习的组织形式，再根据具体步骤考虑相应的学习工具。

1）干部集中培训中常用的团队学习组织形式。在笔者的教学培训实践中，常用的团队学习组织形式有：热身活动、早间论坛、课后反思、课堂讨论、培训感言、学习总结、结构化研讨、课题研究、案例复盘、经验分享、演讲比赛、座谈交流、沙盘演练、情景模拟、案例教学、现场研究、咖啡论坛、学员讲坛和班级活动等。

特别强调的是：要依据条件灵活设计、创新、策划、组织有效的团队学习组织形式。

2）实际工作中常用的团队学习组织形式。实际工作中的团队学习组织形式有很多，目前常见的有：团队建设、战略论坛、行动学习、主意会、共识决定、探索会议、同事学习圈、课题研究、行动复盘、学习平台、专家评审会、座谈交流会、现实模拟、现场研究等。

团队学习组织形式数不胜数，完全可以根据实际需要来灵活设计并组织实施。关键要在具体的学习中，有效地建立 3 个学习机制、运用 3 种思维方式，才能取得良好的学习效果。

3）工具的选择使用要点。

（1）了解工具特点。不同的工具用在不同的情景下，如头脑风暴法用在团队思维需要发散的时候，而团队列名或投票法则用在团队思维需要集中的时候。

（2）明确使用目的。有些工具是为了促进悬挂假设，促使大家亮出真实观点，如智慧墙。有些工具是为了促进团队的平行思考，如四副眼镜、六顶思考帽。有些工具是为了厘清团队的思维逻辑，如鱼骨图、思维导图等。

（3）匹配组织形式。每一次团队学习的组织形式都不尽相同，选择工具也不能完全照搬之前的做法，工具应该服务于团队学习的整体组织过程，即为组织形式服务，而不是为了使用工具。

（4）确定使用程度。由于每一次团队学习的条件不同，工具的使用要根据情况确定应用于全部还是局部，使用的频率也要有相应的调整。

4）常用的学习思维工具。经常使用的思维工具有：

（1）头脑风暴法。**头脑风暴法**（brain-storming method）最早是心理病理学用语，指精神病患者的精神错乱状态，现引申为无限制的自由联想和讨论，目的在于产生新观念或激发创新设想。用于团队思维发散的过程中，帮助团队打开思维空间。它是一种通过各种组织形式，让所有参加者在自由愉快、畅所欲言的氛围中，自由交换想法，并以此激发参与者的创意及灵感，使各种设想在相互碰撞中激起创造性"风暴"。

头脑风暴的研讨规则有以下4个：

规则1：不许评价！要到评估阶段才能进行评价。

规则2：异想天开！说出能想到的与议题相关的任何想法。

规则3：越多越好！重数量而非质量。

规则4：见解无专利！鼓励综合数种见解或在他人的见解上进行发挥。

头脑风暴时，团队必须遵循以上4个规则，否则将"风暴"不起来。

头脑风暴法是团队学习中使用最为广泛的思维工具，几乎能用在所有团队学习的组织形式中，也是团队开展深度汇谈的必用方法。头脑风暴法常常需要与其他工具一起使用，头脑风暴之后，常常需要用思维导图或鱼骨图来合并问题、现象及原因的同类项，或用团队列名对其进行排序，或用写报告提纲来组合现象及原因，或用四副眼镜、SMART原则评论讨论结果及认证对策的可行性。

（2）团队共创法。**团队共创法**（consensus workshop method）是一种结构化的征集观点达成共识的集体研讨方法，是参与的技术方法之一。20世纪60年代，由文化事业学会（Institute of Cultural Affairs，ICA）首创，在研究的过程中融合头脑风暴法、德尔菲法，加上全形的概念创新出来的团队学习方法。得到的结果令人印象深刻，后来相关引导方法的训练课程也被开发出来，目前该方法已传播到全世界30余个国家。

团队共创法可以在简单的主题上运用，也可以在复杂的主题上运用。简单的如某专项团队需要运用头脑风暴法找出下一周必须完成的任务，复杂的可用于组织改造的策略规划流程。它是有效形成团队共识的方法，团队可借助此方法对任何主题达成某种程度的共识，并在最后呈现出来。

它具有有效参与的机制，通过将主题叙述为明确的焦点问题，借助头脑风暴、小组分享、组合意见、全体参与讨论等方式，一步一步地将不同的意见汇聚成为共识。流程的设计让团体不但有机会做多元思考，并且能由讨论筛选出有价值的想法。每一步的焦点问题清楚，让参与者能够集中精神参与，相较传统的大团体讨论方式，所需时间相对较短。

团队共创法的进行主要有以下六大步：

①简要介绍：介绍研讨的流程、方法、规则和时间安排。

②产生观点：收集想法，激发创意。

③观点归类：同类观点放在一起。

④命名组群：给同类观点一个概念。

⑤补充完善：看是否遗漏了大类，看每一类是否还有新观点。

⑥形成决策：诠释达成的共识对于团体的意义以及今后的运用。

（3）团体列名法。**团体列名法**是一种民主讨论和民主决策的现代方法，是团队思维集中的过程。团队所有的成员，按照自己认为的重要程度，选择所有表述意见的前若干项，依次排列、投票、计分、汇总，得到团队讨论和决策的意见。常常用于头脑风暴之后需要团队思维集中的过程，帮助团队进行民主决策。

团体列名法的作用有：①帮助团队找到重要的问题及原因。②可以最大限度地收集团队成员的意见，使每个人的意见得到更充分的表达，防止少数人控制团队意见。③在进行多项选择时，有权重的打分更能准确体现团队意志。④团决策不仅仅在于提高决策的成功率，有时可能会出现集体错误，但是却可以让每个成员承担责任，并使团队中的所有人共同面对及改正错误。

（4）鱼骨图分析法。**鱼骨图**是由日本管理大师石川馨总结出来的，原本用于质量管理，故又名石川图。鱼骨图是一种发现问题根本原因的方法，也被称为"特性要因图"或"因果图"，其特点是简捷实用、深入直观。它看上去有些像鱼骨，问题或缺陷（即后果）标在"鱼头"处。在鱼骨上长出鱼刺，列出产生问题的可能原因，有助于说明各个原因之间是如何相互影响的（见图3-23）。

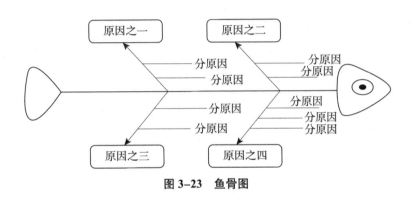

图 3-23　鱼骨图

问题总是受到一些因素的影响，我们通过头脑风暴法找出这些因素，并将它们按关联性整理成层次分明、条理清楚，并标出重要因素的特性要因图。因其形状如鱼骨，所以又叫鱼骨图，它是一种透过现象看本质的分析方法。鱼骨图有些类似树状图，都是分析思考、厘清思路、找出问题点的工具。对问题要刨根问底，鱼骨图就是全面系统了解问题、细化问题的利器。

实际使用鱼骨图时，常常有偏差。许多人将鱼骨图大类和重要原因混为一谈。鱼骨图大类是逻辑思维上的分类，是主观思维的体现。重要原因不一定存在于大类上，它是一种客观实际。实际上，关键原因常常躲在细微之处，常常在子原因、孙原因甚至曾孙原因之中，不易被发现。我们需要用其他工具，如团队列名、要因分析、5WHY、大数据研究等方法，来找到实际要因。

（5）思维导图。**思维导图**最早是由20世纪60年代英国人托尼·巴赞（Tony

Buzan）创造的一种笔记方法。它根据人脑活动的结构，以直观形象的图示建立起各个概念之间的联系，用图示的方法表达头脑中的概念、思想、理论等，因此思维导图又被称为脑图、心智地图、脑力激荡图、灵感触发图、概念地图、树状图、树枝图或思维地图，是一种图像式的思维工具或利用图像式思考的辅助工具。它将头脑中的隐性知识显性化，便于人们思考、交流和表达，是提高学习和工作效率的工具。之所以适合团队学习，是因为思维导图可以使知识外显，促进交流。

思维导图，是表达发散性思维有效的图形思维工具，它简单却又极其有效，是一种革命性的思维工具。思维导图运用图文并重的技巧，把各级主题的关系用相互隶属或相关的层级图表现出来，把主题关键词与图像、颜色等建立记忆链接（见图 3-24）。思维导图充分运用左右脑的机能，利用记忆、阅读、思维的规律，协助人们在科学与艺术、逻辑与想象之间平衡发展，从而开启人类大脑的无限潜能。思维导图因此具有人类思维的强大功能。

图 3-24　思维导图

思维导图是一种将思维形象化的方法。放射性思考是人类大脑的自然思考方式，每一种进入大脑的资料，无论是感觉、记忆或想法，包括文字、数字、符码、香气、食物、线条、颜色、意象、节奏和音符等，都可以成为思考中心，并由此中心向外发散出成千上万的关节点，每个关节点代表与中心主题的一个联结，而每一个联结又可以成为另一个中心主题，再向外发散出成千上万的关节点，呈现出放射性的立体结构，而这些关节的联结可以视为你的记忆，也就是你的个人数据库。

思维导图使用一个中央关键词或想法引起形象化的构造和分类的想法，中央关键词或想法以辐射线的方式连接所有的代表字词、想法、任务或其他关联项目的图解方式。

绘制思维导图的步骤：

第一步：把主题摆在中央。

第二步：以树形向外分枝。

第三步：使用关键词表达。

第四步：使用形象表达内容。

第五步：把分枝连接起来。

重画能使思维导图更简洁，有助于长期记忆。利用自己的创意来制作思维导图。

（6）四副眼镜法。**四副眼镜法**是现代培训及会议管理的一种讨论方法，指从不同的视角看问题、分析问题，展开创造性思维，最终得到对问题的完整认识。它是一种思维方法和训练模式，是一种提升团队集体智慧的有效方法。四副眼镜法广泛用于小组讨论，小组可交替运用不同的视角看待问题、分析问题，从而得到对问题的完整认识。四副眼镜分别代表4种不同的思维状态：

第一副：万花镜（也称白眼镜）。戴万花镜思考，比喻看世界缤纷多彩，让当事人以乐观、积极、充满希望的视角，看待一件事或一个问题，表达赞成意见，指积极向上、正面肯定别人的观点。

第二副：墨镜（也称黑眼镜）。戴墨镜思考，比喻看问题冷静和严肃，意味着小心和谨慎，让当事人分析问题（某个观点或决策）可能的风险或负面成分，表达反对意见，指谨慎小心、负面思考及找问题。

第三副：望远镜。戴望远镜思考，比喻视野高远、总览全局，让当事人从全局高度，以长远战略眼光思考问题，分析得出问题的准确性。望远镜还指高瞻远瞩、以前瞻性眼光预测未来，常常指以领导者的角度看问题。

第四副：放大镜（也称显微镜）。戴放大镜思考，比喻视角放大、扩大基础层面。让当事人充当基层执行者的角色思考问题，分析所得出问题的真实性，指细致深入、进行可行性分析，常常指以执行者的角度看问题。

（7）大信封法（小组间的四副眼镜）。**大信封法**是一种充分共享每个小组观点的研讨方法。因为在不同组之间传递方案时要经常需要使用大信封，故得名大信封法。

具体方式：每个小组将自己的方案依次传递到其他小组，接受其他小组的评价和建议，同时，也对其他小组的方案进行评价并提出建议。方案在不同的小组间传递，直到回到原来的小组。该小组最后再修改完善本组的方案。

优点：当面临比较困难的问题时，一个组所掌握的信息、经验和知识可能不够全面，通过在小组之间大信封的交换可以多视角看问题。另外，使用这个方法，常常可以引出具有启发性的建议。

大信封法的实施步骤：

第一步：信封传递——交换开始（见图3-25）。

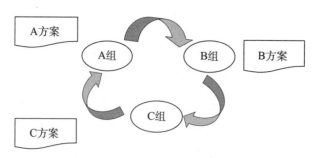

图3-25 交换开始

第二步：信封传递——第一轮（见图3-26）。

第三步：信封传递——第二轮（见图3-27）。

第四步：信封传递——采纳建议，修正方案（见图3-28）。

为其他小组提意见和建议的方式主要有：一方面是从经验出发的意见；另一方面是含创新思维的建议。

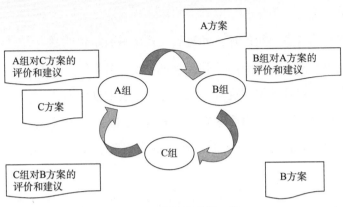

图 3-26　信封传递第一轮

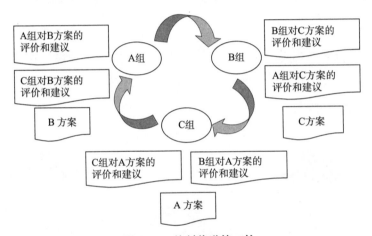

图 3-27　信封传递第二轮

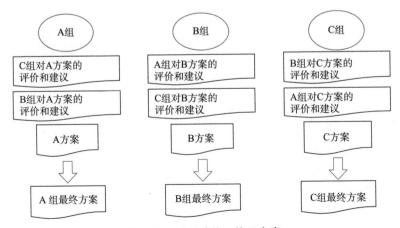

图 3-28　采纳建议，修正方案

小组吸收意见的方法：

①系统研读各个小组的评价和建议，找出最有价值的观点。

②在吸收其他小组观点的基础上修正自己的方案。

③汇报时，对其他提供有价值观点的小组要明确致谢。

（8）六项思考帽。**六项思考帽**（six thinking hats）是英国学者爱德华·德·波诺（Edward de Bono）博士开发的一种思维训练模式，或者说是个全面思考问题的模型。

它提供了"平行思维"的工具，避免将时间浪费在互相争执上。强调的是"能够成为什么"，而非"本身是什么"，是寻求一条向前发展的路，而不是争论谁对谁错。

运用波诺的六项思考帽，将会使混乱的思考变得更清晰，使每个人变得富有创造性，六项思考帽是管理思维的工具、沟通的操作框架、提高团队 IQ 的有效方法（见图 3-29）。

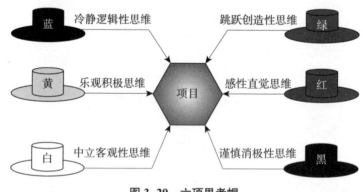

图 3-29　六项思考帽

白帽子：白色是中立而客观的颜色。代表着事实和资讯，是顶中性的事实与数据帽，表示处理信息的功能。

黄帽子：黄色是乐观的颜色。代表与逻辑相符合的正面观点，是顶乐观帽，表示识别事物的积极因素的功能。

黑帽子：黑色是阴沉的颜色。意味着警示与批判，是顶谨慎帽，表示发现事物的消极因素的功能。

红帽子：红色是情感的色彩。代表感觉、直觉和预感，是顶情感帽，表示形成观点和感觉的功能。

绿帽子：绿色是春天的色彩。代表创意，是顶创新帽，表示创造、解决问题的方法和思路的功能。由于文化的原因，中国人厌恶"绿帽子"，笔者在实际工作中将之改为"紫帽子"。

蓝帽子：蓝色是天空的颜色，笼罩四野。控制着事物的整个过程，是顶指挥帽，表示指挥其他帽子，管理整个思维进程。

六顶思考帽能帮助我们：

①充分研究每一种情况和问题，创造超常规的解决方案。

②使用"平行"思考技能，取代对抗型和垂直型思考方法。

③提高组织员工的写作能力，让团队的潜能发挥到极致。

④不同颜色的帽子代表不同的思考规则，容易转换思考方式。

⑤帽子为组织思维提供了框架，思维变得更集中、更有组织性、更有创造性。

典型的六顶思考帽在实际中的应用步骤：

①陈述问题事实（白帽）。

②提出如何解决问题的建议（绿帽）。

③评估建议的优缺点：列举优点（黄帽）；列举缺点（黑帽）。

④对各项选择方案进行直觉判断（红帽）。

⑤总结陈述，得出方案（蓝帽）。

（9）SWOT分析法。**SWOT分析法**是用来确定组织自身的竞争优势与劣势、外部的机会和威胁，从而将组织的战略与内部资源、外部环境有机地结合起来的一种科学的分析方法（见表3-4）。

SWOT分析是指基于内外部竞争环境和竞争条件下的态势分析，就是将与研究对象密切相关的各种主要的内部的优势和劣势、外部的机会和威胁等，通过调查列举出来，并依照矩阵形式排列，然后用系统分析的思想，把各种因素相互匹

表 3-4 SWOT 分析模型

环 境 因 素	有利的环境因素	不利的环境因素
外部环境	机会（opportunity）	威胁（threat）
内部环境	优势（strength）	劣势（weakness）

配起来加以分析，从中得出一系列相应的结论，而结论通常带有一定的决策性。

运用这种方法，可以对研究对象所处的情景进行全面、系统、准确的研究，从而根据研究结果制定相应的发展战略、计划以及对策等。

其中，S 是优势、W 是劣势，O 是机会、T 是威胁。按照组织竞争战略的完整概念，战略应是组织"能够做的"（即组织的强项和弱项）和"可能做的"（即环境的机会和威胁）之间的有机组合。

与其他分析方法相比，SWOT 分析从一开始就具有显著的结构化和系统化的特征。就结构化而言，首先在形式上，SWOT 分析法表现为构造 SWOT 结构矩阵，并对矩阵的不同区域赋予不同的分析意义。其次在内容上，SWOT 分析法的主要理论基础也强调从结构分析入手对组织的外部环境和内部资源进行分析。

从整体上看，SWOT 可以分为两部分：第一部分为 SW，主要用来分析内部条件；第二部分为 OT，主要用来分析外部条件。利用这种方法可以从中找出对自己有利的、值得发扬的因素，以及对自己不利的、要避开的因素，发现存在的问题，找出解决的办法，并明确以后的发展方向。根据这个分析，可以将问题按轻重缓急分类，明确哪些是亟须解决的问题，哪些是可以稍微拖后一点儿的事情，哪些属于战略目标上的障碍，哪些属于战术上的问题，并将这些研究对象列举出来，依照矩阵形式排列，然后用系统分析的思想，把各种因素相互匹配起来加以分析，从中得出一系列相应的结论，而结论通常带有一定的决策性，有利于领导者和管理者作出较正确的决策和规划。

从分析方法上看，有单因素分析法及双因素分析法（见图 3-30）。

（10）PESTEL 分析。**PESTEL 分析**又称大环境分析，是分析宏观环境的有效工具，不仅能够分析外部环境，而且能够识别一切对组织有冲击作用的力量。它是调查组织外部影响因素的方法。组织外部的影响分为六大因素，每

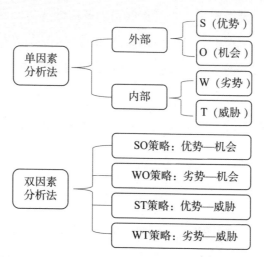

图 3-30 单因素及双因素分析法

个字母代表一个因素：政治因素（political）、经济因素（economic）、社会因素（social）、技术因素（technological）、环境因素（environmental）和法律因素（legal）（见图 3-31）。

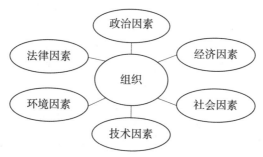

图 3-31 PESTEL 分析模型

①政治因素：是指对组织经营活动具有实际与潜在影响的政治力量和有关的政策、法律及法规等因素。

②经济因素：是指组织外部的经济结构、产业布局、资源状况、经济发展水平以及未来的经济走势等。

③社会因素：是指组织所在社会中成员的历史发展、文化传统、价值观念、教育水平以及风俗习惯等因素。

④技术因素：技术要素不仅包括那些引起革命性变化的发明，还包括与企业生产有关的新技术、新工艺、新材料的出现和发展趋势以及应用前景。

⑤环境因素：一个组织的活动、产品或服务中能与环境发生相互作用的要素。

⑥法律因素：组织外部的法律、法规、司法状况和公民法律意识等组成的综合系统。

PESTEL 分析是在 PEST 分析基础上加上环境因素和法律因素形成的。在分析某个企业集团所处背景的时候，通常通过这 6 个因素来分析企业集团所面临的状况。

（11）三圈理论。**三圈理论**是美国哈佛大学肯尼迪政府学院的学者创立的关于领导者战略管理的一种分析工具，广泛运用于对公共政策的案例分析。该理论构建了"价值（value）""能力（capability）""支持（support）"三要素分析框架，突出强调了领导决策与执行的相关性、价值判断的根本性与创新的重要性，丰富了现代领导科学的内容。熟悉并掌握三圈理论，对于提高领导能力、改进领导方法、推进科学决策、做好工作具有十分积极的意义。

该理论认为，公共管理的终极目的就是为社会创造公共价值。它被广泛运用于对公共政策的案例分析：①好的公共政策要具有公共价值。②政策的实施者要具备一定的能力，以提供相应的管理和服务。③相关政策需得到政策作用对象或民众的支持。

这样，就形成了三圈：公共价值圈、执行能力圈和支持圈。只有三圈相交，该政策才可得到有效执行，达到预期效果。反之，缺少任何一圈，政策都将无法实施。这一理论可以形象地用三个圆圈来表示（见图 3-32）。

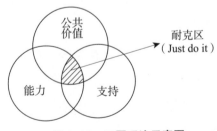

图 3-32 三圈理论示意图

　　三圈理论认为，成功的决策均可以基于"价值圈、能力圈和支持圈"3个方面进行考量并追求其结构性平衡。对价值圈的质疑能够使我们的政策目标更趋合理，对能力圈的梳理能使我们认清实现政策目标的主客观条件，对支持圈的关注能够让我们以更加公平、公正的方式来整合不同群体的利益诉求，而对这三者的综合分析则为最终决策提供了可靠依据。用三圈理论作为分析工具，可以提高决策的科学化、民主化和规范化，且更趋于具体化和易操作，并能清晰地看到政策制定过程中的种种缺陷。根据三圈理论中三个圆圈重叠之后形成的不同区域，可以思考一个战略位于三圈理论的哪个区域，有助于我们采取正确的措施处理问题。

　　三圈理论作为战略思维工具，应用范围可大可小，大到公共政策的制定，小到工作方案的确定。三圈理论主要用来梳理制定政策的思路，找准阻力的主要来源，从而明确工作的着力点和突破口，对公共管理者的成长以及公共部门的人力资源开发具有重要意义。

　　三圈理论的核心思想表现在：①阐明了价值、能力、支持三者的相关性。②强调了公共价值的根本性。③突出了创新的重要性。

　　三圈理论无论是对公共管理及领导科学的理论研究，还是对领导者的实际决策应用，都具有诸多独到的、有效的方法论意义：①起点：战略分析。②灵魂：塑造愿景。③基础：发展能力。④重点：争取支持。⑤技巧：方法工具。

　　（12）SMART原则。**SMART原则**是指目标管理应遵守的5个原则。目标管理的概念是彼得·德鲁克1954年在其名著《管理的实践》中最先提出的，其后他又提出"目标管理和自我控制"的主张。目标管理是以目标为导向，以人为中心，以成果为标准，而使组织和个人取得最佳业绩的现代管理方法。目标管理亦称成果管理，俗称责任制，是指在组织中个体员工的积极参与下，自上而下地确定工作目标，并在工作中实行"自我控制"，自下而上地保证目标实现的一种管理办法。

　　所谓SMART原则（见图3-33），是指目标必须是具体的（specific）、可以衡量的（measurable）、可以达到的（attainable）、和其他目标具有相关性（relevant）、具有明确的截止期限（time-based）。

图 3-33　SMART 原则

无论是制定团队的工作目标还是员工的绩效目标都必须符合上述原则，5 个原则缺一不可。制定的过程也是自身能力不断提高的过程，领导者必须和员工一起在不断制定高绩效目标的过程中共同提高绩效能力。

SMART（ER）所对应的单词在不同的场合并不一致，有各种变体，表 3-5 列出了一些变体。

表 3-5　SMART（ER）的变体

字母	典型对应	更多对应
S	specific（明确）	significant（重要）、stretching（延伸）、simple（简易）
M	measurable（可衡量）	meaningful（有意义）、motivational（激励）、manageable（可管理）
A	attainable（可达成）	appropriate（适宜）、achievable（可达成）、agreed（同意）、assignable（可分配）、actionable（可行动）、action-oriented（行动导向）、ambitious（雄心）
R	relevant（相关）	realistic（实际）、results/results-focused/results-oriented（结果导向）、resourced（资源）、rewarding（奖励）
T	time-bound（时限）	time-oriented（时限）、time framed（时限）、timed（时限）、time-based（基于时间）、time-boxed（时限）、timely（及时）、time-specific（明确时间）、timetabled（时间表）、time limited（时限）、trackable（可跟踪）、tangible（明白）
E	evaluate（评估）	excitable（兴奋）、ethical（伦理）
R	reevaluate（再评估）	rewarded（奖励）、reassess（再评估）、revisit（再访）、recorded（记录）

（13）5W2H1R 法。**5W2H1R 法**是国外企业经营管理中总结的一套工作要点和工作方法，也是一项工作计划制订的方法。

why——"为什么？"一项工作开始之前，必须首先明确目的、意义及方针。

what——"什么？""做什么？"即必须明确工作的内容、对象和对手。

who——"谁？""对谁？""和谁？""给谁？"必须熟悉有关工作人员和各方面关系。

when——"何时？""从何时？""到何时？"必须记住和掌握好期限、时间。

where——"何地？""在何地？""去何处？""用于何处？"即必须明确场合、地点和范围。

how——"如何做？""怎么办"工作的程序、步骤和优先顺序。

how much——"多少？"要投入多少时间、精力和经费。

result——"结果？"产生的结果、绩效。

用此方法设计一次团队学习，应考虑：

why 为什么？——团队学习的目标、方针是什么？

what 是什么？——团队学习要解决的问题是什么？

who 谁？——谁是解决问题的决策人？谁有解决问题的专业知识？谁能提供解决问题的必要资源？

when 何时？——什么时间能达到目标？如何安排团队学习的时间？

where 何地？——团队在什么地方集合开会？到什么地方去调查研究、收集资料？

how 如何做？——在团队学习中如何使团队有创造性？

how much 多少？——要投入多少时间、精力和经费？

result 结果是什么？——用定量和非定量的办法描述通过团队学习产生的效果、成绩。

（14）9个 WHY 分析法。**9个 WHY** 是指从9个方面思考问题：

①困扰的问题是什么？如何呈现？

②有什么明显的表象？

③是什么因素促成它的产生？

④有谁受到影响？是怎样的影响？

⑤它还引发了其他什么问题？

⑥它造成的最大危害是什么？

⑦什么阻碍了问题的解决？

⑧有谁会阻碍这个问题的解决？

⑨每个表象背后有怎样的原因？

它是一种平行思考工具，体现思维的系统性和科学性。

（15）5WHY 分析法。**5WHY 分析法**，又称"5 问法"，也就是对某一问题连续以 5 个"为什么"来自问，以追究其根本原因。虽称为 5 个为什么，但使用时不限定仅做"5 次为什么的探讨"，而是必须找到根本原因为止，有时可能只要 3 次，有时也许要 10 次，如古话所言：打破砂锅问到底。5WHY 法的关键所在：鼓励解决问题的人要努力避开主观或自负的假设和逻辑陷阱，从结果着手，沿着因果关系链条，顺藤摸瓜，直至找出原有问题的根本原因。

这种方法最初是由丰田佐吉提出的。后来，丰田汽车公司在发展完善其制造方法学的过程中也采用了这一方法。作为丰田生产系统（toyota production system）入门课程的组成部分，这种方法成为问题求解培训的一项关键内容。丰田生产系统设计师大野耐一曾经将 5 问法描述为："……丰田科学方法的基础……重复 5 次，问题的本质及其解决办法随即显而易见。"目前，该方法在丰田之外已经得到了广泛采用，并且在持续改善法、精益生产法以及六西格玛法中也得到了采用。

5WHY 分析法从以下 3 个层面来实施：

①为什么会发生？从"过程"的角度。

②为什么没有发现？从"结果"的角度。

③为什么没有从系统上预防事故？从"体系"或"流程"的角度。

每个层面连续 5 次或多次的询问，最终得出结论。只有以上 3 个层面的问题都探寻出来，才能发现根本问题，并寻求解决。

（16）GROW 模型法。**GROW 模型法**（见图 3-34）可以在生活中很多不同的地方运用，它的主旨意为厘清现状，减少某些事情的干扰，使执行人从内心找到对应的办法。GROW 模型是一种分析问题、解决问题的程序。

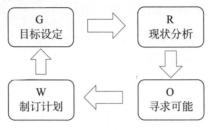

图 3-34　GROW 模型法

第一步：设定要达成的目标（goal setting）。

第二步：现状分析（reality）。

第三步：达成目标的路径（options）。

第四步：制订行动计划（will）。

GROW 的意思是成长，帮助员工成长，常用于绩效管理。

G（goal setting）：确认员工的业绩目标。

R（reality check）：搞清楚目前的状况、客观事实，寻找动因。

O（options）：寻找解决方案。

W（way forward）：What? When? Who? Will? What should be done? When by whom and does the will exist to do it? 制订行动计划和评审时间。

（17）学习路径图法。**学习路径图法**是以加速职业技能成长为目标而设计的综合学习方案，是对员工在组织内学习成长过程的科学规划。

学习路径图是一种培训体系规划工具，包括工作任务分析、学习内容分析、综合学习设计、课程设计与开发技术、教练技术、引导技术、绩效改进技术以及变革管理等一系列的内容，此外，学习路径图还具备科学的测量功能，即能够测算出培训的贡献值。

学习路径图的绘制流程包括以下 4 个步骤：

①分析工作任务。又称工作流程分析，区分依据不是不同专业所需的能力素质有何不同，而是它们的工作流程不同。分析工作任务的目的就是描述工作流程、流程级别以及流程中的典型任务。

分析工作任务不同于分析岗位职责，切不可把两者混淆。分析工作任务旨在描述工作的流程及主要任务，进而找到流程或主要任务中由于知识和技能不足而引起的瓶颈，从而为锁定学习目标提供依据。分析岗位职责是找出某个具体岗位所覆盖的工作任务。岗位是组织设置范畴，针对某个工作流程，不同的组织设置不同的组织结构和岗位。岗位任务分析可以为薪酬设计、劳动量核定、招聘员工提供依据，但不能作为绘制学习路径的依据。

②分析学习任务。根据工作任务的重要性、学习难度、执行频率、执行不当后果、欠缺可能性以及准入水平等标准，找出应学、应会、应熟练的学习内容，是分析学习任务的主要目标。如果组织已经建立能力素质模型，则可以作为学习内容分析的重要参考资料。如果没有能力素质模型，则可以根据工作任务分析的结果，直接输出学习任务。

学习任务同工作任务一样，必须是可观察的、可衡量的。

③设计学习方案。把锁定的学习内容进行分类，然后有针对性地采用学习策略，是本步骤的主要任务。学习内容分为态度、动作技能、智慧技能、学习技能和言语信息等5类。不同类型内容的学习目标、学习方法和评估策略都是不同的。

④绘制路径图。根据不同职业发展路径的要求，汇总所有的学习内容，用生动的动画或多媒体等形式体现学习路径图。同时，制作员工版的学习地图——《学习护照》。至此，可形成清晰、完整的学习路径图。

学习路径图的绘制技术并不复杂，可以说简单易行。当然，期望一次性绘制出高质量的学习路径图是不现实的，需要不断地探索、积累素材和修改。一般来讲，经过3~5年，每年进行一次修改和完善，学习路径图就相对成熟了。

（18）事后回顾法（AAR）。**事后回顾法**（after action review，AAR）又称行动后反思，是目前知识管理实践中应用最为广泛的工具之一。AAR最早是美国陆军所进行的一项任务后的检视方法。通过对一个项目或一项行动的专业性讨论，参加者可以发现和了解发生了什么、为何发生、什么进行得很好、什么还需要改进及如何维持优点并改正缺点。

AAR 是一个简单而有效的过程，供团队用来获取从过去的成功和失败中得到的经验教训，以便改进未来的表现。它为团队提供反思某个项目、活动、事件或任务的机会，以便下次可以做得更好。它是一种结合了技术和人的因素的快速报告的方法或工具。

AAR 简言之就是 4W+2H：

who ——谁，包含所有与这个行动相关的人员。

what ——讨论什么，选择可以从中得到最多学习或最有价值的部分。

when ——何时，尽可能在行动之后马上进行。

where ——何地，在任何有助于开放和学习的地方，选择离行动越近的地点及时间越好。

how long ——多久，不能过长，少于 1 小时较佳，15 分钟亦是适当的。但应提供足够的时间进行完整的讨论，让全体能走到下一步。

how to do ——怎么做，分为以下 6 步：

Step1：当初行动的意图是什么？

Step2：发生了什么？重点是依时间顺序重组事件或关键事件优先分析。

Step3：从中学到了什么？

Step4：如何将学习转化为行动？

Step5：采取行动。

Step6：分享给他人。

（19）工作分解结构。**工作分解结构**（work breakdown structure，WBS）与因数分解是同一原理，就是把某个项目，按一定的原则分解，项目分解成任务，任务再分解成一项项的工作，再把一项项的工作分配到每个人的日常活动中，直到分解不下去为止，即项目→任务→工作→日常活动。

WBS 以可交付成果为导向对项目要素进行分组，它归纳和定义了项目的整个工作范围，每下降一层都代表对项目工作定义得更详细。

WBS 总是处于计划过程的中心，也是制订进度计划、资源需求、成本预算、风险管理计划和采购计划等工作的基础。WBS 同时也是控制项目变更的重要基础。项目范围由 WBS 确定，所以 WBS 也是这个项目的综合工具。

（20）多维分析图（雷达图）。**多维分析图**是从雷达图而来，可以帮助人们进行多角度、灵活动态的分析。多维分析图由"维"（影响因素）和"指标"（衡量因素）组成，能够真正为使用真实地反映组织的特性信息（见图 3-35）。

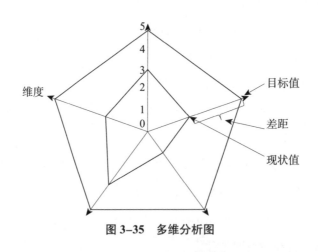

图 3-35　多维分析图

雷达图是专门用来进行多指标体系比较分析的专业图表。从雷达图中可以看出指标的实际值与参照值的偏离程度，从而为分析者提供有益的信息。雷达图一般用于成绩展示、效果对比量化、多维数据对比等，只要有前后 2 组 3 项以上数据均可制作雷达图，其展示效果非常直观。可以体现事物发展的状况，具有系统与科学、定性与定量、目标与现状、静态与动态相结合的特点。

雷达图的应用价值和特点是：

①描述直观、形象。雷达图为多因素评价方法，适合在二维平面上直观、形象地反映多个指标的变动规律。通过叠加不同形状的雷达图，可以直接判断整体分布情况及优劣态势。

②实现动态分析。雷达图对比性强，实现了对不同评价对象的动态分析，客观、公正地表示出现状及其发展趋势，可以直接判断出各个指标间的差距。

③对事物发展轨迹作出科学的描述。在对大量形状各异的雷达图作出动态分析后，评价人员可以根据各指标值的变动区间进行归类处理，归纳出各类型雷

达图的属性，形成不同状态下有代表性的系列表，科学地说明现状和发展趋势。

④方便管理部门完整、有效地掌握动态依据。雷达图累积不同时点、不同对象的态势并作出动态分析，便于管理部门完整、有效地掌握动态。同时有针对性地利用信息，定期进行评价，并能简化评价过程，提高工作效率。

⑤易于推广，使评价走向简明、直观、快速，鼓励人们自发地追求质量，具有重大的价值。雷达图为找出影响事物发展的关键因素提供了简明、直观的依据，不失为一种简洁、快速、有效的评价方法。

（21）优先矩阵图。**优先矩阵**是针对通过头脑风暴得到的众多面临问题或解决问题的措施，确定优先解决的问题或优先采取的措施的方法。

优先矩阵图也被认为是矩阵数据分析法，与矩阵图法类似，它能清楚地列出关键数据的格子，将大量的数据排列成列阵，能够容易地看到和了解，与达到目的最优先考虑的选择或二选一的抉择有关系的数据，用一个简略的、双轴的相关关系图表示出来，相关关系的程度可以用符号或数值来代表。它区别于矩阵图法，它不是在矩阵图上填符号，而是填数据，形成一个数据矩阵，它是一种定量分析问题的方法。

优先矩阵具备以下 3 个优点：

①它是确定主要薄弱环节的一种有效手段，这些环节的运营可能已经严重阻碍或妨碍了主要改进目标的实现。

②它提供了确立优先顺序的可能，以便把资源分配到改进过程上来。

③它有助于团结一支管理队伍来支持各方一致同意的优先环节。

优先矩阵一般需要两件事情：①决定准则。②构造相关的比较方法。

优先矩阵的两个维度很多，其中较常用的是时间管理优先矩阵，它是一种新的时间管理理论，把时间按其紧迫性和重要性分成 4 类，形成时间管理的优先矩阵。紧迫性是指必须立即处理的事情，不能拖延，如图 3-36 所示。这个矩阵常常用在问题的选择上。

还有一个优先矩阵是有效—难易矩阵，如图 3-37 所示。这个矩阵常常用在对策或方案的选择上。

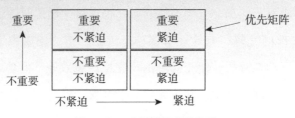

图 3-36　时间管理优先矩阵

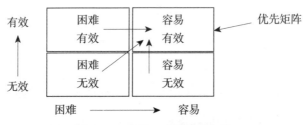

图 3-37　有效—难易优先矩阵

（22）德尔菲法。**德尔菲法**是采用背对背的通信方式征询专家小组成员的预测意见，经过几轮征询，使专家小组的预测意见趋于集中，最后作出符合未来发展趋势的预测结论。德尔菲法又名专家意见法或专家函询调查法，是依据系统的程序，采用匿名发表意见的方式，即团队成员之间不得互相讨论，不发生横向联系，只能与调查人员发生关系，以反复填写问卷，以集结问卷填写人的共识及搜集各方意见，可用来构造团队沟通流程，应对复杂任务难题的管理技术。

德尔菲法本质上是一种反馈匿名函询法。其大致流程是：在对所要预测的问题征得专家的意见之后，进行整理、归纳、统计，再匿名反馈给各专家，再次征求意见，再集中，再反馈，直至得到一致的意见。

由此可见，德尔菲法是一种利用函询形式进行的集体匿名思想交流过程。它有 3 个明显区别于其他专家预测方法的特点，即匿名性、多次反馈及小组的统计回答。

在德尔菲法的实施过程中，始终有两方面的人在活动，一方是预测的组织者，另一方是被选出来的专家。首先应注意的是德尔菲法中的调查表与通常的调查表有所不同，它除了有向被调查者提出问题并要求回答的内容外，还兼有向被调查者提供信息的责任，它是专家们交流思想的工具。

德尔菲法的特征以下：

①资源利用的充分性。由于吸收不同的专家与预测，充分利用了专家的经验和学识。

②最终结论的可靠性。由于采用匿名或背靠背的方式，能使每一位专家独立地作出自己的判断，不会受到其他因素的影响。

③最终结论的统一性。预测过程必须经过几轮反馈，使专家的意见逐渐趋同。

德尔菲法的工作流程大致可以分为4个步骤，在每一步中，组织者与专家都有各自不同的任务：①开放式的首轮调研。②评价式的第二轮调研。③重审式的第三轮调研。④复核式的第四轮调研。

值得注意的是，并不是所有被预测的事件都要经过4步。有的事件可能在第二步就达到统一，而不必在第三步中出现。有的事件可能在第四步结束后，专家对各事件的预测也不一定都达到统一。不统一也可以用中位数与上下四分位点来作结论。事实上，总会有许多事件的预测结果是不统一的。图3-38是德尔菲三轮预测程序。

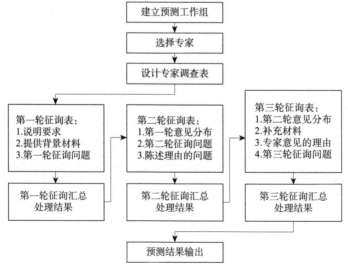

图3-38　德尔菲三轮预测程序

（23）智慧墙。**"智慧墙"** 又称 **"大墙"**，是《第五项修炼：学习型组织的艺术和实践》中提到的一种系统思考工具。我们把 "智慧墙" 作为开展团队学习的工具，针对一定的议题，与会者分别匿名、独立地写下个人意见，由主持人收集、整理并贴到墙上，然后就某项正在思考解决的问题，一起找到因果关系，最后大家交流讨论并由主持人作点评，从而实现系统思考，发现问题的开放性。它是进行信息交流共享的一种新形式，是开展团队学习的一种好方法。

（24）甘特图。**甘特图**（Gantt chart）又称为横道图、条状图（bar chart）。其通过条状图来显示项目及进度，和其他时间相关的系统进展的内在关系，及随着时间进展的情况。以提出者亨利·劳伦斯·甘特（Henry Laurence Gantt）先生的名字命名。

甘特图通过活动列表和时间刻度表示出特定项目的顺序与持续时间。一个线条图，横轴表示时间，纵轴表示项目，线条表示期间计划和实际完成情况。直观表明计划何时进行，进展与要求的对比。便于管理者弄清项目的剩余任务，评估工作进度，见表3-6。

表3-6　甘特图示例

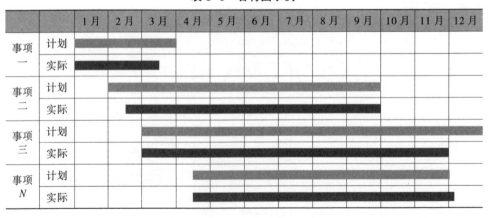

甘特图突出了生产管理中最重要的因素——时间，作用表现在3个方面：①计划产量与计划时间的对应关系。②每日的实际产量与预定计划产量的对比关系。③一定时间内实际累计产量与同时期计划累计产量的对比关系。

（25）工作计划表。**工作计划表**（见表 3-7）是使用表格的形式反映工作计划的内容。表格是工作计划的工具。通过它将工作计划指标或要完成的工作项目列明汇总，表达出组织工作计划的基本内容，它是甘特图的扩展形式，包含四大要素：①工作内容(做什么：what)。②工作方法(怎么做：how)。③工作分工(谁来做：who)。④工作进度（什么时间做完：when）。

表 3-7　工作计划表

项目名称	××××××				
项目负责人	×××	牵头部门	×××	参与部门	×××
开始时间	×××	结束时间	×××	总时间	×××
项目描述（财务、非财务、对相关指标的影响）					
项目所需的资源					
里程碑日期	里程碑描述				
里程碑 1	××××××				
里程碑 2	××××××				
里程碑 n	××××××				

（26）里程碑图。在制订项目进度计划时，在进度时间表上设立一些重要的时间检查点，这样一来，就可以在项目执行过程中利用这些重要的时间检查点来对项目进程进行检查和控制。这些重要的时间检查点被称作项目的里程碑。可单独画出，也可与工作计划表联用。

里程碑图是一项目标计划，表明为了达到特定的里程碑，去完成一系列的活动。里程碑计划通过建立里程碑和检验各个里程碑的到达情况来控制项目工作的进展和保证实现总目标。

这种方法在管理层中用的最多，主要是列出项目的关键节点以及这些节点完成或开始的日期。编制进度以前，根据项目特点编制里程碑计划，并以该里程碑计划作为编制项目计划的依据。编制进度计划后，根据项目特点及进度计划编制里程碑计划，并以此作为项目进度计划的主要依据。

（27）平衡计分法。**平衡计分法**即平衡计分卡方法（balanced scorecard method），是绩效管理中的一种新思路，适用于对部门的团队考核。

平衡计分卡是1992年由哈佛大学商学院教授罗伯特·S.卡普兰和复兴国际方案总裁戴维·P.诺顿设计的，是一种全方位的、包括财务指标和非财务指标相结合的策略性评价指标体系，平衡计分法最突出的特点是将企业的远景、使命、发展战略与企业的业绩评价系统联系起来，它把企业的使命和战略转变为具体的目标和评测指标，以实现战略和绩效的有机结合。

自平衡计分卡方法提出之后，其对企业全方位的考核及关注企业长远发展的观念受到学术界与企业界的充分重视，许多企业尝试引入平衡计分卡作为企业管理的工具。根据有关调查，到2000年为止，在《财富》杂志公布的世界前1000位公司中有40%的公司采用了平衡计分卡系统。

在信息时代，传统的绩效管理方法有待改进，组织必须通过在客户、供应商、员工、内部业务流程、技术革新等方面的投资，获得持续发展的动力。基于这样的认识，平衡计分卡方法认为，组织应从4个角度审视自身业绩：财务、客户、内部经营和学习与成长（见图3-39）。

平衡计分卡的指标体系为：

①财务方面：净资产收益率、总资产周转率和资本增值率。

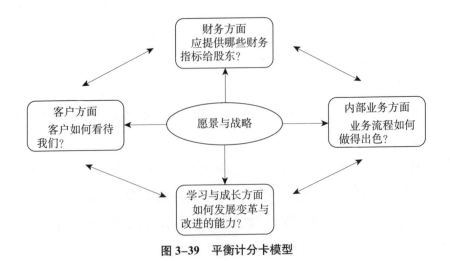

图3-39 平衡计分卡模型

②客户方面：客户满意率、合同准时率、优质项目率和投诉降低率。

③内部业务方面：技术、生产效率、设备利用率、学习与创新（产品与服务的创新与员工能力提高）、员工满意度、员工保持率、创新数目和合理化建议数。

④综合评价：将每个指标的实际值与目标值相比较，得到个体指数，加权平均后，算出综合指数。

平衡计分卡的4个方面既包含结果指标，也包含促成这些结果的先导性指标，并且这些指标之间存在着因果关系。平衡计分卡的设计者认为企业的一项战略就是关于因果的一系列设想，企业所采用的成功的绩效评价应当明确规定各个不同方面的目标和衡量方法之间的逻辑关系，从而便于管理它们和证明其合理性。

由于平衡计分卡的构成要素选择和评价过程设计都考虑了上述的因果逻辑关系链，所以它的4个评价维度是相互依赖、支持和平衡的，能够形成有机统一的企业战略保障和绩效评价体系。

（28）利益相关者分析。**利益相关者分析**（stakeholder analysis）用于分析与客户利益相关的所有个人（和组织），帮助客户在战略制定时分清重大利益相关者对于战略的影响。

利益相关者分析也用于项目管理过程中。项目交付成果可能会影响某人或组织，同时这些人或组织会作出相应的行动来影响项目的推进。项目管理中利益相关者分析的目的就是找出这些人或组织，并制定沟通策略，从而使其有利于项目的推进。

利益相关者是指与客户有一定利益关系的个人或组织群体，可能是客户内部的（雇员），也可能是客户外部的（供应商或压力群体）。大多数情况下，利益相关者包括：所有者和股东、银行和其他债权人、供应商、购买者和客户、广告商、管理人员、雇员、工会、竞争对手、地方及国家政府、管制者、媒体、公众利益群体、政党和宗教群体、军队及其他等。

利益相关者能够影响组织，他们的意见一定要作为决策时需要考虑的因素。所有的利益相关者不可能对所有的问题保持一致的意见，其中一些群体要比另一些群体的影响力更大，这是如何平衡各方利益成为战略制定考虑的关键问题。

除了对战略制定产生影响以外，利益相关者分析也是评价战略的有力工具。战略评价可以通过确定持反对意见的股东和其对一些有争议问题的影响力来完成。

确定利益相关者的位置有两种方法：权力—动力矩阵（见图 3-40）和权力—利益矩阵（见图 3-41）。

<table>
<tr><td colspan="3" align="center">可预测性</td></tr>
<tr><td></td><td align="center">高</td><td align="center">低</td></tr>
<tr><td rowspan="2">权力　低</td><td align="center">A
问题较少</td><td align="center">B
不可预测
但可管理</td></tr>
<tr><td align="center">C
力量强大
但可预测</td><td align="center">D
危险最大</td></tr>
</table>

图 3-40　权力—动力矩阵

<table>
<tr><td colspan="3" align="center">利益水平</td></tr>
<tr><td></td><td align="center">低</td><td align="center">高</td></tr>
<tr><td rowspan="2">权力　低</td><td align="center">A
最少的努力</td><td align="center">B
提供信息</td></tr>
<tr><td align="center">C
保持满意</td><td align="center">D
主要的利益
相关者</td></tr>
</table>

图 3-41　权力—利益矩阵

用权力—动力矩阵可以画出各利益相关者的位置。利用这种方法可以很好地评估和分析出在新战略的发展过程中在哪儿应该引入"政治力量"：

①最难应付的团体处于 D 区，因为它们可以很好地支持或阻碍新战略，但是它们的观点却很难预测。其隐含的意思非常明显：在已建立一个不可改变的地位前一定要找到一种方法，来测试这些利益相关者对新战略的态度。

②在 C 区内的利益相关者，可能会通过管理人员的参与过程来影响战略，这些管理人员同意他们的观点，并建立那些代表他们期望的战略。

③虽然在 A 区和 B 区内的利益相关者权力很小，但是并不意味着它们不重要。事实上，这些利益相关者的积极支持本身，会对权力更大的利益相关者的态度产生影响。

如图 3-41 所示，权力—利益矩阵是个有价值的发现，它根据利益相关者与其持有的权力大小的关系，以及从何种程度上表现出对组织战略的兴趣，对其分类。因此称其为权力—利益矩阵。

该矩阵指明了组织与利益相关者之间的不同类型。显然，在战略制定和实施过程中，应重点考虑主要参与者（D 区）是否接受该战略。因为他们既有权力又有兴趣。关系最难处理的一类利益相关者是 C 区内的利益相关者，他们可能因某些特定事件而对战略产生兴趣，并施加有利的影响。因此，全面考虑利益相关者对未来战略的可能反应非常重要。如果低估了他们的利益而迫使其突然重新定位于 D 区内，并且阻止战略变革，那么情况就会很糟。类似的，需要正确对待 B 区中利益相关者的需要，因为企业的经营业绩和战略，与他们的利益密切相关，而他们并没有太大的权力，所以可以通过保持信息交流来满足他们对利益关注的心理要求。

通过权力—利益矩阵可以明确以下问题：

①组织的政治和文化状况是否可能会阻止采纳特定的战略，如处在一个成熟行业里具有惰性文化的企业，可能不愿采用创新战略。换句话说，确定利益相关者位置是一种分析文化适应性的方法。

②确定哪些个人或团体是战略变革的支持者或反对派。为了重新确定某些特殊利益相关者的地位，要明确是坚持战略，还是改变战略，以满足它们的期望和要求。

③一旦制定了明确的战略和确定了利益相关者的地位，就应该采取一定的维持行动，以阻止它们对自己重新定位。因为重新定位会阻止战略实施，这意味着应努力保持 C 区内利益相关者的满意程度，并保持与 B 区内利益相关者的信息沟通。

（29）波特五力模型。**波特五力模型**是迈克尔·波特（Michael Porter）于 20世纪 80 年代初提出。他认为行业中存在着决定竞争规模和程度的 5 种力量，这5 种力量综合起来影响着产业的吸引力以及现有企业的竞争战略决策，如图 3-42所示。

五力模型的实践运用一直存在许多争论。较为一致的看法是：该模型更多是一种理论思考工具，而非可以实际操作的战略工具。该模型的理论建立在以下3 个假定基础之上：

①制定战略者需要了解整个行业的信息，现实中显然是难以做到的。

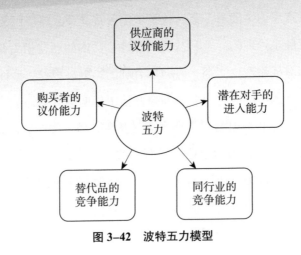

图 3-42　波特五力模型

②同行业之间只有竞争关系，没有合作关系。但现实中企业之间存在多种合作关系，不一定是你死我活的竞争关系。

③行业的规模是固定的，因此，只有通过夺取对手的份额来占有更大的资源和市场。但现实中企业之间往往不是通过吃掉对手而是与对手共同做大行业的蛋糕来获取更大的资源和市场。同时，市场可以通过不断地开发和创新来增大容量。

迈克尔·波特对于管理理论的主要贡献，是在产业经济学与管理学之间架起了一座桥梁。五力模型的意义在于，5 种竞争力量的抗争中蕴含着 3 类成功的战略思想：总成本领先战略、差异化战略和集中战略。

（30）左右手栏。彼得·圣吉在其《第五项修炼：学习型组织的艺术和实践》中提到**左右手栏**，左右手栏也称为左手栏，是指针对一次不满意的沟通，将现实所说的话写在纸的右边，将实际想说而没有说的话写在左边，左右对比以洞察内心假设，发现交流失败原因的方法。它是一项效果强大的反思技巧，通过在对话与共享左手栏的过程中了解自己及对方的假设，促进有意义的对话与探询，以此"看见"我们的心智模式在某种状况下怎样运作，暴露出我们看待问题最原始的想法。

左右手栏的实现步骤如图 3-43 所示。

①选择一个特定的情况——在工作或生活中一次失败的交流经历、一次不满意或无效的沟通经历。

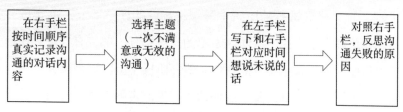

图3-43　左右手栏的实现步骤

②在右手栏写下当时真实的对话内容。将一张纸对折，按时间顺序在右半边写上这次交流过程，要求很详细地回忆当时发生的背景、双方争论的对话并把各个细节详尽记录。

③左手栏写下在上述对话各阶段中，自己想说却没有说出来的话（务必写自己的真实想法以及产生这些想法的直接原因）。

④以左手栏所列的资料来反思，当你进行反思的时候，可以自问以下问题：为什么当时说出来的话没有反映自己内心真正的想法？没有说出来的那一部分应该如何来表达比较恰当？为什么当时不说出"左手栏"的那一部分？这样做的代价是什么？另一个人的左手栏是什么样子？

左右手栏的使用，很大程度上为讨论者提供了一个表露想法、比较交流的操作载体，能不断地引导参与者在反思中批判性地吸收他人的观点，明晰和修正自己的思路，有助于讨论或研究不断地向纵深发展。

这种方法的目的是"意识到决定我们谈话方式并阻碍现实生活中我们思维的默认假设，并建立一条更有效讨论这些默认假设的途径"。它帮助我们认识到内心独白及理解所说的与所想的之间是会有差距的。它是帮助认识冲突的好方法，并在将来或许可以避免这些冲突。

要点8：持续改进

评估与修正不仅仅是团队学习结束时要做的事情。评估与修正要贯穿团队学习全过程。在设计团队学习时，就要将全方位评估考虑进去。评估本身就是一种反馈，团队学习几乎时时在反馈。可以从学员与引导者两方面设计评估内容：

一方面，针对成员进行的团队学习本身设计的评估环节，主要是对学习效果的评估。在培训班中，每一次团队学习的交流部分，都应有自评互评环节；专题课的反思作业中也包含了学员的评价；每一阶段学员的培训感言及培训总结都有学员的反馈意见；教务部门要求的评估；等等。实际工作中的团队学习，常常用学习后的行动结果来评估与修正今后的团队或组织学习。另外，工作中的团队学习的评估总结本身就是团队学习的一个主要形式或一个主要步骤。

另一方面，针对引导者自身的评估，主要聚焦在是否真正开展了团队学习。引导者自己应该建立一套评估反思机制，在引导的过程中和之后时时反思自我，这个过程不太愉快，却很有必要。如果能安排一个水平相当的同事作为观察员进行评估，他提出的意见更有价值。当然，成员对你的评估也有借鉴作用。

团队学习是一个永无止境的过程，只要组织存在，学习就不能停止，团队学习没有最好，只有更好。不断地评估与修正是持续改进工作的保证。

第三步：实施过程

在完成确定议题及方案设计后，实施过程较为容易，运作过程有以下 3 步。

1. 导入要点

团队学习开始时需要教师导入，导入要点包括：

（1）告诉学员是什么、为什么及如何做。

（2）介绍相关的理念和方法。

（3）议题确定与破解。

（4）介绍使用的思维方法与工具。

（5）介绍团队学习步骤。

在实际工作中，领导既要会当领导也要会作引导，或将自己的意图委托给专业的引导师。

2. 过程引导

团队学习导入后，教师引导学员按结构化设计的方案运行。这时教师是引导师的角色，针对学员开展团队学习。引导要点包括：

（1）控制过程。注意结构的完整性及过程的灵活把握。

（2）控制时间。注意定规则并使每个人发言均衡，防止少数人占话筒。

（3）控制情绪。注意让学员的注意力集中在说的内容，而不是谁说的。

（4）内容中立。注意不评判、不参与内容的讨论。

特别要注意的是：在团队学习的过程引导中，引导师不要介入学员的内容讨论中，不要评价学员的观点，要等到最后点评阶段再评价。

在实际工作中，领导一定要搞清自己的意图：当需要听下属的意见时，要让职位最低的人先发言，由低至高，自己最后发言；当需要下属听自己的指令时，领导要态度鲜明地先发言。

3. 交流点评

团队学习后，结束前要有交流点评环节。教师引导学员交流时，是针对团队学习，因此是引导师的角色。教师在点评研讨时，是针对个人学习，所以是讲师角色。教师引导交流时，要关注过程；点评总结时，要关注内容。另外，评估环节不可或缺，需要提前策划好。

实际工作中的交流共享是团队学习的一个组成部分。会议主持人或领导要注意角色的转变。

途径8： 设引导培训机构

由于我们的干部培训理念长期停留在个人学习层面，目前在中国的干部培训机构中很少有专职的引导师，使团队学习的开展受到极大的制约。实际上，很多党校和行政学院的年轻教师由于学识经验不足，不能给干部讲课。但是可以从培训师做起，逐渐发展成为优秀的教师，或者一直做培训师，逐渐成长为引导师。另外，也可以培养组织员或班主任成为引导师，为干部教育事业作出更大的贡献。因此，应对现有的人力资源进行深度的开发和培养，让人才能够有更多的渠道和机会成长。

能够开展团队学习的干部培训机构，应该具备两支师资队伍：

（1）由理论功底深厚、专业知识渊博、实践经验丰富、授课技巧娴熟的名家大师、政企高官组成的专兼结合、以兼为主的专题讲授师资队伍，专门为满足干部迫切需要学习新东西、了解新形势、补充新知识、思考新问题的要求，达到开阔眼界、梳理系统、增长知识、提高能力的目的。

（2）由熟悉干部学习需求与特点，掌握干部集中培训规律与要求，能催化、善引导、会管理、肯服务的专兼结合、以专为主的引导师资队伍，组织、引导学员投身到个人学习与团队学习中去，营造良好的学习氛围，促进学学相长、教学相长，达到学员及组织之间增进沟通、加强团结、促进工作的目的。

以上两支队伍对有效开展干部集中培训缺一不可、互为补充。

另外，由于提升组织学习能力的关键是靠组织领导者的领导力提升，因此要使各级领导认识到，光靠提高个人学习能力是无济于事的，每一位领导都要将组织学习能力的提升当作组织的根本大事来抓，要掌握建立学习型组织的理念和方法，切实提升组织学习能力。

针对团队学习缺乏合格引导师的难点，要从两方面入手：①要大力培养团队学习的引导师，为在干部培训创新模式中开展有效的团队学习而努力。②要培训需要掌握团队学习引导技术的组织领导者及咨询者，为建设学习型组织，不断促进组织进步而努力：

（1）建立培训引导师的专业培训机构。在党校（行政学院）、高校与企业干部培训机构中开设团队学习引导师培训班、组织学习能力提升班等。

（2）建立引导师的培训体系。从引导师的三重角色出发，设置灵活多样的培训课程。

（3）选择培训对象。①党校和行政学院的老师、组织员、班主任及培训管理人员。②机关、企事业单位培训机构的培训者。③组织的领导。④组织的咨询者。

 结语

总之，通过8条途径，即树沟通学习理念纠正认识误区、提领导的领导力促进组织学习、建三大学习机制克服心理障碍、修三种思维方式克服思维障碍、创组织结构再造、实科学管理制度克服组织障碍、习有效引导技术及设引导培训机构解决缺乏引导问题，全面提升组织学习能力，建立起提升组织学习力8条途径8维模型（见图0-1）。

第四章　团队学习的两大应用

 思维导图

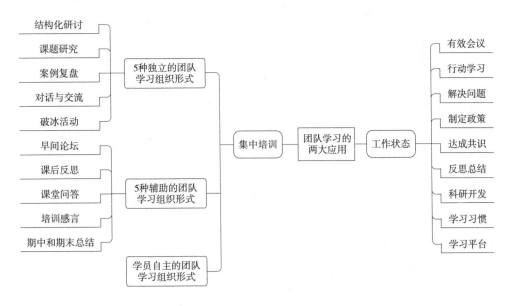

 导言

在实践中，团队学习在两种状态下进行：一是集中培训下的学习；二是工作状态下的学习。团队学习组织形式多种多样，本章介绍在集中培训时常用的组织形式及在工作状态9个情境下的团队学习。

应用1： 集中培训

干部集中培训中的团队学习，大体分为以下三大类：

（1）较为独立完整的团队学习，包括导学与破冰活动、课题研究、结构化研讨、案例复盘与经验分享、对话与交流、回顾与总结等形式。另外，还有沙盘演练、情景模拟、角色扮演和某些需学员参与讨论的案例教学等互动式教学。这类团队学习都是完整的教学课程，需要专业引导师引导，否则不能有效地开展真正的团队学习。这类团队学习使学员不断沉浸在有效的团队学习之中，通过团队学习的实践，逐步从初窥门径变为熟练运用。

（2）为整个培训起支持、催化、联系及评估作用的学习形式，包括早间论坛、课后反思、课堂交流、每周培训感言、期末总结等形式。这类团队学习大多不需要占用专门课时，但需要引导师提前设计并指导学员如何自主地开展这些活动。这类团队学习将培训中的个人学习有效地上升为团队学习，并将所有培训活动无缝衔接成为一个有机整体。

（3）不需要引导者的团队学习，包括现场参观考察活动、班级活动及学员自主组织的活动等形式。现场教学要挑选成熟且以前评估好的地方。班级活动要充分发挥班委的积极性，由学员自主决定。这类团队学习丰富了培训内容，凝聚了团队意志，促进了学员之间的交流与感情的升华。

一、5 种独立的团队学习组织形式

独立完整的团队学习组织形式是指互动式的教学课程，在中共中央印发的《2018—2022 年全国干部教育培训规划》中要求"省级以上党校（行政学院）、干部学院、社会主义学院主体班次中，运用研讨式、案例式、模拟式、体验式、辩论式等互动式教学方法的课程比重不低于30%"。实际上，干部培训的教学方式，按学员学习形式不同只有两类：专题讲授及互动教学（见图4-1）。研讨式、案例式、模拟式、体验式和辩论式等互动式教学方法都是相对于专题讲授而言的。专题讲授是单方向沟通，学员只是在进行个人学习。互动式教学是多方向沟通，学员既有个人学习又有团队学习。因此，互动式教学一定是包含团队学习的。

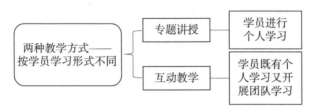

图4-1 干部培训中的两种教学方式

本书介绍5种常用的互动式教学形式。

形式1：结构化研讨

结构化研讨是一种建立在共享、反思、反馈有效学习机制下，利用系统、科学、同步思维方式，使用符合思维内容与过程逻辑的有效研讨思维工具，针对预设的研讨专题，在限定的时间内，分步研讨交流、全员参与的集体研讨方法，是团队学习的一种有效的组织形式。

结构化研讨是由国家行政学院最先倡导并逐步完善的一种集体研讨方法，是用于干部培训研讨式互动的一种教学方式，是在限定时间内的有效团队学习的组织形式。

结构化研讨是依据成人学习的特点而设计的研讨方法。所谓成人学习的特点，就是以经验为基础、以问题为导向、以自主为特点的知识更新过程。

结构化研讨是根据解决问题的逻辑思维过程，将研讨的步骤、形式、内容分别结构化的过程（结构化就是逻辑化）。最早是将群策群力简化为三段式：定问题——找原因——出对策，并在研讨过程中综合应用各种研讨工具和方法。

（1）研讨步骤结构化：一般是指研讨的纵向或垂直步骤的逻辑化，如图4-2所示。

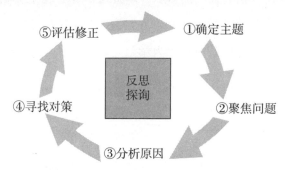

图4-2　集中团队学习的5个主要步骤

经过多年实践发现，研讨步骤结构化不仅仅是要将垂直思维结构化，还要将水平思维结构化。只有这样才能使研讨更深入、细致、系统和完整，效果更好。这是一个创新。

（2）研讨形式结构化：团队学习一般有合分合三段学习形式，即先全体导入学习，再分组研讨学习，最后分享总结反思，如图4-3所示。

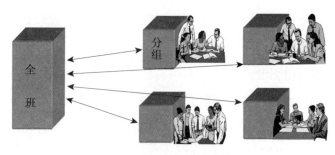

图4-3　合分合三段式研讨

（3）研讨内容结构化：研讨的垂直及水平结构要依据研讨的内容来确定，不同的研讨内容有相应的研讨结构及步骤。决定研讨内容结构化的考量因素主要有：①议题的目的（需求）。②研讨的时间。③引导者对内容的理解。④引导者对议题的分解。⑤一般思维逻辑。

结构化研讨课程题目是：结构化研讨（一种团队学习的组织形式）——以×××为题。

结构化研讨的讲课逻辑是：①什么是结构化研讨（what）。②为什么做结构化研讨（why）。③如何进行结构化研讨（how）。

实际上，干部培训班所有的议题都可以做结构化研讨，笔者近两年的研讨议题主要有：

（1）如何成为卓越的领导者。

（2）如何做好一名中层领导。

（3）聚焦集团发展的主要问题。

（4）以创新发展提质增效为题。

（5）学习贯彻习近平总书记考察天津工作座谈会上的重要讲话精神。

（6）如何提升执行力。

（7）探讨推进金融创新工作中的主要问题。

（8）如何开发国际工程市场。

……

结构化研讨课时从 1~4 个半天，一般一周的短期培训班是 1 个半天，两周可安排 2 个半天，1 个月可安排 3~4 个半天。研讨结构随时间长短而定，每次都是逻辑完整的团队学习。时间长探讨的结构复杂、细致，使用的工具更多。

值得一提的是：结构化研讨实质上也是深度汇谈的一种方式，无论在集中培训还是在实际工作、学习中，都是可以普遍适用的。

案例 4-1：以"如何成为卓越的领导者"为题的 1 个半天的结构化研讨

案例 4-1 学员分组研讨的步骤与结构，见表 4-1。

研讨结构：问题—原因—对策

科学建模：五维卓越领导者模型（见本书第一部分）。

问题聚焦：

第一组——如何"以身作则"？

表4-1 案例4-1学员分组研讨的步骤与结构

垂直思维结构	水平思维结构	思维要点	思维工具
原因分析	找出所有原因	全面	头脑风暴
	整理原因逻辑	条理	鱼骨图
	分析主要原因	准确	团队列名法、二八法则
对策分析	提出对策建议	有效	头脑风暴
	对策可行审视	可行	SMART原则、四副眼镜法
总结思维	成果逻辑整理	系统	建模思维、思维导图

第二组——如何"共启愿景"?

第三组——如何"挑战现状"?

第四组——如何"使众人行"?

第五组——如何"激励人心"?

案例4-2:以"如何开发国际工程市场"为题的3个半天的结构化研讨

案例4-2学员分组研讨的步骤与结构,见表4-2。

表4-2 案例4-2学员分组研讨的步骤与结构

垂直思维结构	水平思维结构	思维要点	思维工具
目标共识	目标描述	共识	头脑风暴、团队共创、SMART原则
	确定维度	要素	头脑风暴、票决法
确定问题	现状评估	量化	多维分析图、加权平均评估分值
	差距问题	明确	多维分析图
探寻原因	分析原因	全面	头脑风暴
	整理原因	条理	原因鱼骨图
	主要原因	准确	二八法则、团队列名法
寻找对策	对策建议	有效	头脑风暴
	对策审视	可行	SMART原则、四副眼镜
	对策整理	系统	对策鱼骨图
	对策优选	选择	有效—难易矩阵图
行动计划	工作分类	整合	工作分解结构(WBS)
	时间安排	时效	行动计划表、里程碑

续表

垂直思维结构	水平思维结构	思维要点	思维工具
总结汇报	成果整理	系统	思维导图
	PPT 制作	完整	PPT 制作要点

研讨结构：目标—问题—原因—对策—计划—总结

破题研究：什么是市场开发？

科学建模：市场开发的模型是根据市场开发的含义，以及对市场开发的主要因素分析而来（见图 4-4）。

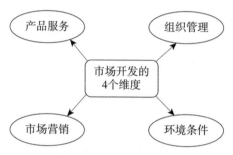

图 4-4　市场开发的模型

值得一提的是，案例 4-2 是笔者按照委托单位的要求做的一次结构化研讨。因为普遍分不清团队学习与行动学习，所以在集中培训中一定要制订行动计划。但是，如果学员不是来自实际的工作团队，行动计划是不可能真正实施的，也不可能符合实际，因此，这样的计划就是纸上谈兵。

形式 2：课题研究

课题研究就是在一长班（6 周以上），将全班学员分成若干个小组，每组4~6 人，每组就某一议题开展研究探讨及写作，完成课题报告。

这种团队学习的组织形式由来已久，在传统的党校及行政学院的长期班上经常可见，但是学习效果不太理想，学习成果也多流于形式，缺少实用价值。造成这种结果的原因如下。

（1）议题选择的针对性不强。议题大多是领导、培训机构或少数学员（班委或议题提出者）决定的，而不是全体学员按照民主集中制原则来决定。

（2）分组的随意性。有按照学员单位分，有按照行政小组分，有按照学员自由组合分，有按照定好的议题分，总之是小组成员中少数人的提议。

（3）参与性不高。在做课题的过程中，大多数的时间主要是执笔人在忙，其他人则十分轻松，最后的报告基本上是执笔人个人的意见，并不是小组集体的智慧。

（4）教师定位不对。教师定位不对有两种情况：①教师以辅导老师身份介入课题研究，最后的报告体现的是老师的意见而不是学员的意见。②教师没有引导，学员自己做，结果流于形式或只是个别人的意见。

总之，多数课题研究课程不是真正的团队学习。既没有专业的团队学习设计，也没有引导师的有效引导，多数课题小组无法开展真正的团队学习。

针对上述问题，笔者有以下几点做法。

1）议题选择及分组。每一位学员提供自己感兴趣的2个议题汇总到行政小组中，每个小组提供3~5个本小组的议题，所有小组汇总所提供的议题，找出前$N+2$个议题，N为需要成立的课题组数，然后根据学员意见平均分成N个课题组，每个课题组4~5人，N一般应是3的倍数。

2）引导课程。课题研究常常贯穿培训的全过程，一般使用3~6个半天课程，包括以下几个引导节点。

（1）开题。开题需要完成：①确定每个课题组成员的研究角色（常有召集人、执笔人、信息员和内审人等）并被编号。②确定课题题目（题目可能会随着研究的深入而改变）。③确定研究目标（目标要明确并在课题组中达成共识）。④决定课题研究的逻辑框架（即团队学习的垂直结构）。⑤决定调研方向与大体内容。⑥确定课题研究的工作流程与进度。教师要说明课题研究的要求及做法并介绍可能使用的工具。

（2）写作。根据课时灵活安排，如果安排在培训时间内，要引导学员进行结构化研讨，针对研究逻辑告知应使用哪些工具。写作也可让学员课下自主进行。

（3）探询。探询在课题初稿出来后进行。首先成立每个课题组的专家评审团，以全班共 48 人，分 12 个课题组为例，专家评审团成员包括本课题组的召集人、执笔人及其他组人员，共 12 人。摆 4 组桌型，按座次表入座（座次表按排列组合的原则全员参与，一人一编号，无一人置身事外）。各课题召集人记录本组专家评审团成员名单以及各专家的意见。

每人作 3 轮评审，作为专家的学员从以下几方面分析课题，并提出意见：

①课题的研究目标是否明确？

②主要观点是否明确，正确与否？

③主要问题是否准确？有无漏掉的主要问题？

④论据是否充分、完整、有效？

⑤分析的原因是否准确？是否抓住了主要矛盾？

⑥提出的对策有没有创新，是否符合 SMART 原则？

⑦总体框架上有无问题？

⑧其他。

在探询阶段，每个学员既是本课题组的研究人员，也是其他 2~3 个课题组的评审专家，真正做到了全员全过程参与学习研究。

探询至少要进行两次，第二次探询可安排在课上，也可安排在课下，视培训时间长短而定。第一次探询后要写出课题报告第二稿，第二次探询后要完成课题报告第三稿。

第二次探询用六顶思考帽提二审意见：

①本课题主要解决了什么问题？（白帽——客观）

②你认为本课题如何？（红帽——主观）

③本课题有何特点与优点？（黄帽——肯定）

④有哪些缺点与不足？（黑帽——否定）

⑤本课题有何创新之处？（紫帽——创新）

⑥总体评价。（蓝帽——总结）

（4）结题。结题课程由各组召集人主持、执笔人记录。结题步骤包括：

①各位专家通读课题报告（10 分钟）。

②每人用六顶思考帽发表意见（3 分钟 / 人），包括：我对本课题的总体认识与评价（红色）；本课题的目标、主要说明的问题及对策（白色）；本课题的优点及特点（黄色）；有何不足及应修改之处（黑色）；本课题的创新之处（紫色）；总的意见（蓝色）。

③表决（每位专家一张表决表）。

④下课前准备汇报 PPT，汇报发言 12 分钟。

⑤下课后修改形成终稿，于约定日期前发至班级邮箱。

（5）汇报。汇报前需要做辅导，主要是将课题报告变成 PPT 演示稿。

经过以上前后 4 次完善的课题报告，颠覆了传统的课题研究，前面提到的 4 个问题将不复存在。

形式 3：案例复盘

要作案例复盘，先要了解什么是复盘，以下是复盘 12345（见图 4-5）。

图 4-5　什么是复盘

1 个定义

定义：复盘即对过去做的事情重新演绎（推演）一遍，通过对过去的思维和行为进行回顾、反思和研究，从而实现改进，以提升个人、团队及组织绩效。

2 种方法

方法 1：情景再现法。就是常说的场景，即此事件是如何一步步发展的。就是把过去的事情再推演一遍。

方法 2：关键点法（里程碑法）。遇到复杂的事情或项目，只要提炼出项目的关键点或里程碑，进行推演可以降低复盘难度、提升效率。

3 种类型

类型 1：个人复盘。个人对自己进行复盘，把事情想清楚、想明白，针对好的地方做总结和提炼，好在哪里，对今后是否有帮助？

类型 2：团队复盘。应用于工作和项目中，如项目团队在项目完成后进行的复盘，能得到归类性认知，从而改进工作。

类型 3：帮助他人（标杆）复盘。通过复盘标杆客户，标杆企业，学习研究他人的成功经验。

4 个步骤

步骤 1：回顾目标。当时的个人目标和团队目标分别是什么？

步骤 2：评估结果。和目标对比，差距在哪里？亮点在哪里？哪些有改进？

步骤 3：分析差距。深度反思，团队研讨，找到存在问题和差距的根本原因。

步骤 4：总结规律。区别偶发性规律和普适性规律。

5 个原则

原则 1：开放心态。开放，研讨过程中没有上下级的区别。

原则 2：坦承表达。表述事实，不做过多的演绎。

原则 3：实事求是。就事论事，是什么就是什么。

原则 4：反思自我。深度思考，对过程进行反思。

原则 5：集思广益。充分讨论，发挥群众的力量。

笔者的案例复盘课程选用学员真实的案例，分 2~3 个议题进行团队学习。先让每个学员将过去失败与成功的管理案例各写 1 个，汇集成册印发给大家。根据情况确定 1~3 次案例分享课程，以下是分 2 次的情况：

第一次从失败案例中挑出有关人力资源管理方面的典型案例进行探讨，小组成员群策群力，最后让案例提供者进行复盘。

第二次从成功案例中挑出有关业务管理的典型案例进行探讨，成功者展示案例并接受其他学员的探询，共享成功的经验。

通过上述团队学习活动，基本上每个人都掌握了团队学习的基本方法。以下是一次真实的案例复盘议程。

案例：复盘时刻——人力资源管理案例分享

课前：每人提供1个人力资源管理方面的失败案例，并编辑成册。

课上：

1）张贴。系统论的11个法则，系统性解决问题的过程，白板4个。

2）导入。

定义问题：问题的内涵与界定，回到原点。

入口：选人——选谁？为什么选？怎么选？

在岗：用人——用在哪？如何用？如何考核、评价和激励？

　　　养人——成为什么样的人（目标）？如何养？

出口：留人——留住，靠什么留？

　　　除人——除谁？如何除？

实际上是运用人力资源管理模型来分析案例，如图4-6所示。

图4-6　人力资源管理的5个方面

3）程序。

（1）案例展示（案例提供者叙述一个案例，其他遇到过类似情况的学员发表相关意见），展示内容包括：

①简要叙述过程。

②回到原点，原本的目标是什么？

③遇到的问题是什么？

④如何应对？

⑤结果如何？

（2）小组研讨。

①失败原因。

②改进建议。

（3）复盘时刻。案例提供者汇总小组意见后的做法及打算。

形式4：对话与交流

对话与交流的形式有：①与议题内容相关的专家与学员的对话与交流。②同班少数学员（议题内容方面的专家）与其他多数学员的交流。③班级之间的对话交流。

无论上述哪种形式的对话交流都必须提前设计方案，并根据议题、学员、教师和时间等因素专门设计，特别要针对和议题内容相关的集体思维结构来设计。

案例一：如何写好领导的讲话稿

1.准备阶段

各小组在组长的带领下，在课余时间，分别就议题的4个层面进行讨论思考，形成小组意见，由本组发言人在学员论坛上作主旨发言（10分钟）。各小组的发言题目如下：

第一组：好的领导讲话稿的要求和特点。

第二组：失败的领导讲话稿存在的问题。

第三组：如何构思领导的讲话稿？

第四组：写好领导讲话稿的要点。

2.对话交流阶段

1）主持人导言（10分钟）。

2）各组发言人依次按上述发言题目作主旨演讲（每组15分钟，共60分钟）。

3）点评讲解，由专家和领导就如何写好领导讲话稿，结合大家的意见进行点评讲解（60分钟）。

4）学员与老师交流（共20分钟）。

5）点评总结（10分钟）。

3.结束以后

请各组组长督促将本组成果发至班级邮箱。

案例二：行业资源整合及业务开拓

时　　间：×年×月×日14：30—17：30。

地　　点：×××教室。

主持人：×××。

记录人：×××。

参加人员：

中国兵器集团第二期中青年领导干部培训班（以下简称兵器班）、中国建材集团第二期中青年领导干部培训班（以下简称建材班）的所有学员。

主要议程：

1.准备阶段

每班推选出3个发言人，将有关本行业资源整合及业务开拓的成功案例，做成PPT，并印发给大家。

2.论坛阶段

1）主持人导入（10分钟）。

2）请每位发言人用PPT讲述自己的案例（12~15分钟），发言要点包括：

（1）简要叙述过程（怎么做）。

（2）说明原点与目标（为什么做）。

（3）结果如何（获得了哪些有形及无形价值）。

发言顺序：建材班发言人—兵器班发言人—建材班发言人—兵器班发言人—建材班发言人—兵器班发言人。

3）每位发言人发完言，回答对方学员 2~3 个问题。

4）对方学员点评，点评要点：

（1）做得好的地方。

（2）对自己的启发。

5）主持人总结（10 分钟）。

3. 结束阶段

请记录人将论坛发言记录、整理后发至班级邮箱。

形式 5：破冰活动

破冰活动是指为有效地实现培训目标，使学员快速相互熟悉并融入班级，建立一种相对安全、使人放松、开放阳光的学习生活环境而进行的适合学员特点的一系列有思想内涵的活动（游戏）。

团队建设是指为了实现团队绩效及产出最大化而进行的一系列结构设计及人员激励等团队优化行为。破冰活动不等于团队建设，它只是团队建设的开端，培训班的团队建设需要通过全程的团队学习来实现。破冰活动要满足以下 5 个方面的要求，如图 4-7 所示。

图 4-7　破冰活动要考虑的 5 个要点

（1）系统性是指破冰活动是整体设计，各项子活动之间有着逻辑上的联系，而不是一系列活动的堆砌。

（2）启发性是指每个活动对学员的学习与工作具有思维或行动上的启迪，而不是仅仅一笑了之。

（3）思想性是指每一项活动都有其思想内涵，能够引发学员的深入思考与反思探寻，而不只是活跃气氛。

（4）主题性是指整个破冰活动具有明确的主题，而不是简单的活动拼凑。

（5）趣味性是指破冰活动可以引发学员的兴趣，并在轻松的活动中获得乐趣。

干部培训班的破冰活动不同于普通员工的培训破冰活动，一定要注意以下事项：

（1）注意与导学及入学教育相结合。

（2）注意与培训主题的联系和契合。

（3）注意适合干部的年龄身份特点。

（4）注意尽量采用适合室内的活动。

（5）注意活动的整体设计并有主题。

（6）注意活动的目的性以及思想性。

（7）注意针对不同班次的不同设计。

（8）注意做好准备工作及时间把控。

以1个月以上的长班为例，破冰活动的主题是"认识自己、认识我们"。其中，"认识自己"由4项测试组成，主要目的是让学员自我认识；"认识我们"由7项活动组成，目的是认识新的集体，如图4-8所示。

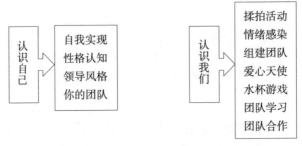

认识自己 → 自我实现 性格认知 领导风格 你的团队

认识我们 → 揉拍活动 情绪感染 组建团队 爱心天使 水杯游戏 团队学习 团队合作

图4-8　破冰活动"认识自己、认识我们"

二、5 种辅助的团队学习组织形式

在培训的过程中，辅助的团队学习组织形式是为整个培训起支持、催化、联系及评估作用的学习形式。这些团队学习都不占用正常课时，目的是将整个培训都提升至团队学习层面，并形成一个整体。笔者常用早间论坛、课后反思、课堂问答、培训感言、期中和期末总结 5 种辅助形式。

形式 1：早间论坛

早间论坛也称为微论坛，是主课开始之前的短时间团队学习，一般为 20 分钟左右，常常安排在上午开课前。

笔者引导的早间论坛在导学时就告知学员如何做，即提前确定论坛主持人（坛主），由主持人提前确定议题，找一名学员记录，先作 5 分钟的主旨发言，然后是 12 分钟的全班交流，最后是 3 分钟的点评总结。将论坛纪要（见图 4-9）贴在墙上，让大家共享。

```
┌─────────────────────────────────┐
│      论 坛 纪 要      月  日      │
│ 坛主 _____        记录人 _____ │
│ 议题：                          │
│ 坛主主旨：                      │
│                                 │
│ 学员观点：                      │
│                                 │
│ 结论：                          │
└─────────────────────────────────┘
```

图 4-9 论坛纪要记录纸

早间论坛虽然时间短暂，但是主题明确、过程完整，是一次针对某一议题的完整的团队学习。

形式 2：课后反思

课后反思是一项将学员单纯听课的个人学习提升为团队学习的手段。采用了六项思考帽和智慧墙两个工具，将学员个人的反思和学习汇集成团队的反思和学习，并将集体思维结构化。

具体做法：将每一次专题课作为团队学习的议题，所有人按照一定的团队学习思维逻辑（使用同样的思维工具），用六项思考帽法思考 6 个问题，交给指定学员汇总并贴到智慧墙上共享。

（1）我从本课了解了哪些新的知识和信息？（白色——客观角度）

（2）我对本课的认识、评估和判断？（红色——主观角度）

（3）本课有哪些优点或特点？（黄色——肯定态度）

（4）本课有哪些缺点或不足？（黑色——否定态度）

（5）什么引发了我的思考和创新（对我的工作有何启示）？（紫色／绿色）——创新思维）

（6）汇总上述思考。（蓝色——思考）

这项学习很好地将个人学习提升到团队学习层面，并促进和深化了个人学习，产生了相当好的效果。

形式 3：课堂问答

课堂问答也称课堂交流，是指学员与专题授课老师之间的互动，也是一项将学员单纯听课的个人学习转化为团队学习的手段。

课堂问答要避免学员不发问或问不停，还要引导提问学员问大家关注的问题，这就要求学员要提前做思考准备。在每次课堂交流前，各小组选出 1 位学员作为本次专题课的提问人（轮流当提问人），在课前征集本小组学员的问题，小组成员每人对每一课至少提 1 个最关注的问题，提问人汇集小组问题后（可以写在白板上），让小组成员用票决法至少准备 3 个问题（按票数多少排序）作为本小组课上提问的问题。在课堂交流时，由本次专题课的课代表（轮流担任课代表）

主持课堂问答，各组提问人依次提问本小组排序靠前的问题，如前面已问过，就提下 1 个问题。这样就有效地避免了冷场及参与程度低的问题。

形式 4：培训感言

培训感言不仅是学习中的回顾与反思，而且还兼具评估功效。组织的重点在于共享，要将每个人的思考与体会汇集起来，打印并发给大家共享。

培训感言采取微信群每人发一句或一段培训体会感言的形式，分组汇集并发给大家。

形式 5：期中和期末总结

期中和期末总结也是学习中的回顾与反思，且兼具评估功效。一般要明确写作结构，笔者常对期中小结使用六顶思考帽、对期末总结要求三段式（收获、体会和今后的打算）。

三、学员自主的团队学习组织形式

学员自主的团队学习组织形式是指不需要引导者的团队学习，包括现场教学与班级活动等形式。现场教学要挑选成熟且以前评估好的地方，班级活动要充分发挥班委的积极性，由学员自主决定。常见的班级活动有学员交流（如各自介绍自己单位和工作）、学员讲坛、读书会、文体活动和考察学员单位等形式。

应用2： 工作状态

○--○

团队学习是沟通下的学习，工作中有大量的沟通协调活动，这些活动如果按照团队学习的方法开展，就将大大提升沟通的充分性、有效性，取得良好的工作效果，提升组织的学习能力。在实际工作中，常常有多种工作情境需要有效地开展团队学习，本部分将介绍 9 种工作情境。

情境 1：有效会议

会议是每个组织必有的工作情境，也是组织内部以及与外部进行沟通的主要形式之一。会议的一般目的是开展有效沟通、传达有关资讯、监督检查工作、协调解决矛盾、研究解决问题、达成相关协议、协调资源共享及开发各种创意等。

一次成功会议的起意、设计、组织、运行和收尾是一项系统工程，尤其是会议之前的准备工作必须充分细致，整个会议工作的 2/3 是筹备工作，筹备工作越充分会议的效果越好。在美国培训与发展协会（ASTD）编著的《成功会议 10 步骤》中，10 个步骤（见表 4–3）的前 7 个都是会议的筹备工作，这说明了筹备工作的重要性。

表 4–3　成功会议的 10 个步骤

第一步	确定召开会议的必要性	会议是否非开不可
		确定会议目标以及预期效果
		确定会议类型
第二步	创建会议进程表 并确定与会人员	创建会议进程表
		预期会议持续的时间
		确定与会人员名单

续表

第二步	创建会议进程表 并确定与会人员	确定会议召开时间
		制定会议规则
		制定会议邀请函
		确定会议角色
第三步	准备会议纲要	开场白
		翻页挂图
		过渡语
		引发讨论以期实现会议目标的技巧
		循循善诱的讨论
		总结汇报
第四步	确定合适的会议地点	小组讨论 VS 大组讨论
		利用先进设备 VS 不利用任何设备
		会场布置
		灯光
		可视化影音设备
第五步	采取合理的程序 引导会议召开	步步为营地解决问题
		思维工具的类型
		思维工具的使用
第六步	做好会议概要计划	熟悉会议流程及议题
		整理所有的会议材料并定稿
		为可能被问及的问题做好准备
第七步	为会议做好准备	打破僵局的方法
		发问技巧
		有效的图表和视听教具
		应急措施
第八步	召开会议	会场布置
		按时开始与结束
		确立基本方针并按规定执行
		使用记录工具
		有效沟通
		做好会议总结

续表

第九步	对付难以搞定的与会者	小组合作的各个阶段
		应对难以搞定的与会者
		有效干涉
		解决争端的策略
第十步	作出会议评估	支持富有成效的会议
		对自己的表现作出评价
		分发会议记录

团队学习下如何开好一次会议？应将组织中的会议都按团队学习的要求来开展，要关注以下要点：

（1）选好议题并分解题目。

（2）确定参会人员及角色。

（3）明确会议所要达到的目标。

（4）设计好方案及集体思维结构。

（5）提前告知与会者准备。

（6）做好导入、连接和总结等引导环节。

当领导是会议主持人时，领导要清楚开会的意图，尤其是在你想听别人意见还是想让别人听你的意见时，领导要清楚自己在团队学习时的角色和定位。如果想听别人的意见，那你是一位引导者，如果想让别人听你的意见，那你是一位领导者，相应的态度方式都不一样，见表4-4。

表4-4　会议主持者的角色定位

角　色	引　导　者	领　导　者
方式	引导、启发	指导、命令
态度	民主	自主
作用	让人先动	自己先动
定位	幕后、局外	台前、局内
内容	内容中立	内容有倾向
过程	控制过程	顺应过程
决策	不决	后决

情境 2：行动学习

目前所有的行动学习，都是团队行动学习，因此行动学习是工作状态下团队学习的一种组织形式。一般的组织方式：组织就某一议题组建学习团队，先将团队集中起来进行短期集训（一般 3~10 天），得到集训学习成果（行动计划）后，团队成员回到工作中开始实施计划，实践一段时间后，再集中学习对计划执行结果进行评估总结并制订下个行动周期的行动计划，即学习—行动—再学习—再行动的组织形式。在集中学习时，一般开展 5 个阶段的团队学习（见图 4-10）。

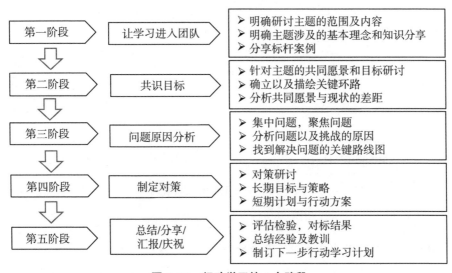

图 4-10　行动学习的 5 个阶段

案例一：百事可乐培养高级管理人才的行动学习项目的组织步骤

（1）每期 5 天，由 9 位来自不同部门的主管参加。

（2）参加者都自带 1 个题目（如部门如何减少开支？怎样加快增长？）。

（3）所有人一起讨论、研究所有的项目，得出解决方案，CEO 亲自参加。

（4）主管们会后回到岗位上执行这些项目。

（5）6 天以后再回来开 3 天会总结、交流结果……

案例二：中国电信为提高团队执行力进行的战略解码

所谓战略解码，即通过专家辅导和团队学习，运用工具化的流程逻辑，将企业的发展目标分解到各部门，使企业聚焦于同一目标，使用同一种语言及工具，自上而下、全面执行战略的方法（见图 4-11）。

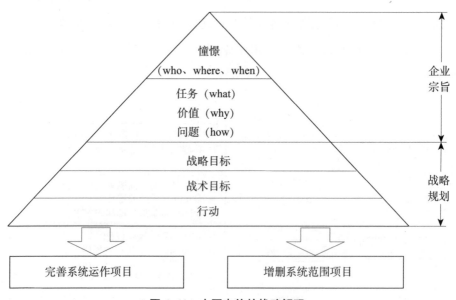

图 4-11　中国电信的战略解码

战略解码组织实施分为以下 3 个阶段：

（1）战略目标分解。各部门负责人参加 2 天的集中实战培训，用平衡计分法（BSC）从财务、客户、流程、组织能力 4 个方面进行分析，明确关键任务，制定行动方案，分解到各个部门。

（2）行动方案实施。由电信学院提供课程和师资，培训主要人员，将部门目标转化为每一名员工的工作目标。同时，各级负责人对下级进行绩效辅导，使员工在完成任务的同时获得学习与发展，并分阶段总结回顾，优化行动方案。

（3）全面总结提升。年终对照行动方案与绩效总结，并进行下一轮战略解码。

值得特别说明的是，实际上所有工作状态下的团队学习都是行动学习，本节中的行动学习是指含集中培训的团队学习。行动学习源于西方，针对的是西方人将学与习分割思维的弊端，特别强调学了要习，即行动。行动学习引入中国之所以不能产生在西方国家的效果，在于中国人的系统思维特点，中国人认为学与习有必然的联系，不用特别强调。实际上，我们需要的是团队学习，行动学习中对我们有用的是团队行动学习，尤其是学习过程中的逻辑与流程这些反映科学思维的学习方法。

目前，国内团队行动学习项目做得较为成功的是中化集团创新管理学院王昆院长带领的团队。近年来，他们在企业中开展的团队学习卓有成效，大大促进了组织的进步、成长与变革，著有《团队学习法——解密中化、中粮、华润管理之道》及《催化师——中化、中粮、华润团队学习法之道》。他们与我的研究及实践殊途同归，他们的实践弥补了笔者工作状态下的团队学习实际案例与操作的不够丰满，也证明了团队学习是促进组织创新进步发展的法宝。

情境3：解决问题

工作中会遇到大量的挑战、困难与问题，许多问题都是组织和团队的问题，不是靠个人就能解决的，这样就必须依靠大家齐心协力、沟通协调、群策群力，一起努力去解决遇到的问题。如果运用有效的团队学习来进行，就会提升组织认识问题、解决问题的能力，不断促进组织的进步和发展。

解决问题情境下，比较早且成功的案例是GE的群策群力模式。GE总裁韦尔奇在20世纪80年代后期发起了群策群力（work-out）活动，意在集中企业内外、上下各方面的智慧，培植、收集和实施好点子。韦尔奇相信，实际操作者才真正具备提高生产效率的创造力和革新办法。例如，在某涡轮厂里，工人们认为他们使用的铣床很差劲，经过群策群力，他们获准改换机器的规格并自行测试新机器，尽管改换费用高达2 000万美元，结果是切削钢件的操作时间减少了80%，不仅更快地满足了客户需求，也降低了库存成本。韦尔奇因此认识到：群策群力帮助企业创建了一种每个人都开始积极参与、每个人的想法都开始被注意、领导者更多地引导员工而不是控制员工的文化。通过实施群策群力，形成全企业上下无边界言行，推动跨部门跨行业之间的团队学习，促使员工重新思考企业运作程序。推动授权并使权力下放，消除了官僚主义，改进了工作方法，提高了组织绩效。

群策群力十步法，如图4-12所示。

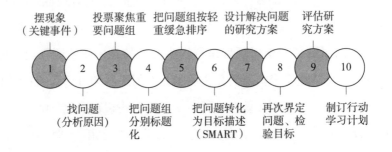

图4-12　群策群力十步法

第一步：摆现象

（1）从事件和现象入手：哪些对公司发展和业绩提高有负面影响；哪些违背公司文化、战略、制度和流程。

（2）从描述事件的情景开始：不要试图概括事件的本质，不要推测和想象，就事论事。

（3）事件一定是可观察到的事实

（4）尽可能穷尽所有的现象。

第二步：找问题

（1）刨根问底，找寻现象背后的深层次原因，聚焦关键问题：用剥洋葱的办法，由表及里，聚焦真正对公司发展有重要影响的问题；几个现象或事件可能都归因于某个问题。

（2）要有强烈的好奇心来探寻文字后面的信息，找出"灯光照不到"的地方，问题可能就在那里。

（3）不要用"早已知道"的态度局限自己的视野，进而影响深入探寻。

第三、四步：聚焦重要问题组

（1）列出所有的关键问题。

（2）合并同类项，将问题分类归入不同的问题组。

（3）给每个问题组一个专业化的标题。

（4）理解每个问题组内各个问题之间的联系，了解跨组问题之间的联系。

（5）投票选出重要问题组。

第五步：把问题组按轻重缓急排序

把问题组植入"紧迫性－重要性矩阵"。

第六步：把问题转化成目标描述

（1）把问题转化成目标：使用表述目标的语言（SMART）原则。

（2）把目标度量化。

（3）讨论实现目标的条件和资源。

第七步：设计解决问题的研究方案

讨论设计方案：预期的结果；解决问题的优先顺序；解决问题可能需要的条件和资源；可能要使用的解决问题的工具和方法；其他因素。

第八步：再次界定问题、检验目标

（1）召开会议，草拟方案，必要时多举行几次会议。

（2）与经理商讨，由其当场作出对问题与检验目标的决议。

第九步：评估研究方案

（1）预测方案实施后的结果。

（2）评估研究方案是否简易可行。

（3）评估研究方案的可操作性：行动后也许会有所改变；没有最优方案，只有满意方案。

第十步：制订行动学习计划

（1）行动学习小组对按标准完成任务、达成目标负有共同责任。

（2）小组成员个人的成长是完成任务的保证。

（3）建立过程成果汇报制度。

（4）鼓励各小组之间的良性竞争。

群策群力十步法引入中国后，中国人对西方人的现象、问题、原因等概念不大清晰，在中国人的语境中，这几个概念常常是相通的。因此，华润集团在组织行动学习时，在十步法的基础上进行了简化与改造，产生了群策群力六步法（见图4-13）。

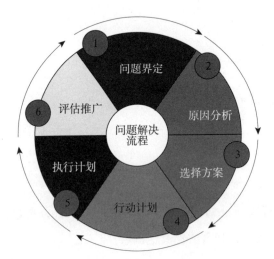

步骤	工具箱
1	头脑风暴、SMART 方法、结构树
2	头脑风暴、鱼骨图、因果分析图
3	收益／实施难度评表、方案评估表、解决方案风险分表
4	行动计划表

图 4-13　群策群力六步法

各种解决问题的方法，有共同的地方：它们都是科学的、系统的、有逻辑、有工具、有结构、有步骤的团队学习方法。

情境4：制定政策

无论是党政机关还是企事业单位，日常工作中有大量的制定政策的工作，包括法规、制度、规定、意见、办法、流程等政策类文件的制定。但是遗憾的是，这些政策很少是依据团队学习的方法制定的，大多体现少数人的意志。这里的少数人不是指领导者，更多的是指执笔者。事实上，许多政策是上级领导的意图，而且常常是领导班子的集体决策，但是政策制定却是执笔者按照自己的理解形成的。这些法规的科学性与有效性取决于执笔者个人的能力水平。许多政策缺乏可执行性，不是领导的战略不对，而是政策本身不能胜任战略执行。

我们在现有的法规文件中可以看到某些难以落实的问题，许多时候我们把它归因为是下级不能很好地落实执行下去，殊不知却是政策本身不具可执行性。例如，曾出台的黄灯政策，即将闯黄灯按照闯红灯处理，结果出台 3 天即被叫停，因为这个政策无法实施。因此，各种组织制定政策的工作一定要引入有效的团队学习方法，以提升治理水平。

情境 5：达成共识

工作中常常有一种情境，组织成员必须对某种认识达成共识，才能开展下一步的工作，如对组织战略目标的共识、对某个项目行动方案的共识等。

在需要对组织战略目标形成共识时，目前大部分组织的做法是徒劳无功的。统一思想是一种不可控的管理行为，思想隐藏在头脑中别人看不见，如果人们不说真话，其思想是否统一了是无法得到检验的。管理学原理告诉我们，不能被验证结果的管理行为是无效的。因此，当我们需要统一认识时，只要能够达成共识就可以了。对组织愿景及长远目标的共识，需要组织的领导通过自身的领导力，辅以团队学习的方法，共启组织愿景，使组织成员真心实意地向往这个愿景，并向着目标前进。本书"新任领导的举措"中将举例说明如何使组织成员共识组织愿景。

除了对组织战略目标要求形成共识外，还经常会要对某一项目行动方案需要达成共识，否则接下去就无法实施。笔者过去在做项目时遇到过一件事情：有一项财政支持的项目，在笔者参与负责之前，其项目方案因为各种原因，迟迟不能通过由 15 位相关业务专家组成的评审组的评审。历经大半年时间，开过二三十次专家评审会，15 位专家不能达成共识，因为方案不能通过，项目就无法开展下去。领导决定让笔者负责该项目的评审事宜，笔者的工作目标就是让这 15 位专家对项目实施方案达成共识，形成最后的行动方案。笔者是这样做的：

（1）在诸多方案中挑出意见相对统一的方案，与方案提供者商议专家所提的意见，得出方案一稿。

（2）将方案一稿分别发给 15 位专家，让他们针对新方案提出自己的意见和建议，并分别返回笔者和方案提供者（即执笔人），15 位专家提出了 100 多条意见。

（3）方案提供者根据专家意见修改方案一稿，得出方案二稿。

（4）将方案二稿分别发给 15 位专家，让他们对此提出自己的意见和建议，再分别返回笔者和方案提供者（即执笔人），这次专家们只提出了二十几条意见。

（5）修改方案二稿，得出方案三稿。

（6）组织专家评审会议，并制定会议规则，在讨论发言过后，每一位专家出具表决意见，表决意见分为同意、基本同意、不同意 3 种，并规定前两项的得票人数超过 80% 就代表方案通过。结果是实际参会 14 位专家，其中 10 位同意、3 位基本同意、1 位不同意，方案获得通过。

（7）会后，方案提供者再根据会上专家意见修改方案，得出方案终稿。前后历时 20 多天就完成了方案评审工作，使项目进入了实施阶段。

笔者对这个项目有以下几点体会：

（1）要克服团队学习的主观障碍。使用德尔菲法背对背征询专家意见，可以有效地获得专家的真实想法，避免无谓的争论。

（2）要促进悬挂假设。书面意见比口头发言能更加准确地反映专家的意图。

（3）要使用同种工具。大家使用同一种思维工具可以使沟通更加顺畅。

（4）要有民主决策机制。对具体行动方案的共识，并不是说要完全都同意才去行动，有不同意见是很正常的，要依靠规则决定行动方案的去留。

（5）要限权和分权。在做项目时，尤其是涉及各方利益时，负责项目评审结果的人不应是项目的利益方。

情境 6：反思总结

工作中有两类情况需要总结：一种是对完成某一项事务的总结；另一种是按时间周期对期间所有工作的总结。在实际工作中，要避免出现形式主义、走过场现象。

1.针对完成某一项事务的总结

目前有两种反思总结方法：

1）美国陆军的事后回顾法（AAR）。AAR 的讨论过程（前 4 个步骤）最好根据结构化步骤来进行，包括：

步骤 1：当初行动的意图是什么——当初行动的意图或目的为何？当初行动时尝试要达成什么？是怎样达成的？

步骤 2：发生了什么——实际上发生了什么事？为什么？怎么发生的？真实地重现过去所发生的事，并不容易，不同的人所看到的是不同的。有 2 个方法常被使用：

（1）依时间顺序重组事件。

（2）成员回忆他们所认为的关键事件，并优先进行分析。

步骤 3：从中学到什么——我们从过程中学到了什么新东西？如果有人要进行同样的行动，我会给他什么样的建议？

步骤 4：如何将学习转化为行动——接下来我们该做些什么？哪些是我们可直接行动的？哪些是其他层级才能处理的？是否要向上呈报？另外，可采用 3 种时间长度来辅助思考：

（1）短期行动。可以被快速采用并可立即产生效益的行动。

（2）中期行动。影响系统、政策以及组织的行动。

（3）长期行动。与基本策略、目标及价值观有关的行动。

步骤 5：采取行动——知识是存在于行动中的，知识必须透过应用才会发挥效用，必须产生某些改变才是所谓的学习。

步骤 6：分享给别人——谁需要知道我们得到的这些知识？他们需要知道什么？将有用的知识有效地传递给组织中其他需要用的人。

2）源于联想集团的四步复盘法（见图 4-14）。

（1）回顾目标：当时的个人目标和团队目标是什么？

（2）评估结果：和目标相比，差距在哪里？亮点在哪里？哪些有改进？

（3）分析差距：深度反思，个人与团队研讨，找到差距即问题产生的根本原因。

（4）总结规律：区别偶发性规律和普适性规律

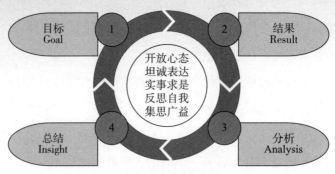

图 4-14　复盘四步法

2. 针对按时间周期对期间所有工作的总结

总结工作按一定的时间周期来进行，如月度、季度和年度等总结。这些工作一般是职能性质的，如办公室、财务、人事和后勤等，也有项目进行到某一周期时的总结。所以，这类总结是多事务的阶段性总结。这样的总结工作应该由组织领导总体把握。领导应该回顾周期开始的目标，按分工（即科学模型维度或职能部门）来逐个进行上面四步，即回顾目标、评估结果、分析差距、总结规律的方法逐项总结评估期内工作，并制定下一个周期的行动计划。

情境 7：科研开发

过去，科研开发是科研院所的事情，目前较大的企业集团多有科研开发，科研开发工作大多是系统工程，需要团队协作，科研开发需要有效的团队学习。

企业的科研开发首先要建立科研开发管理系统。研发管理首先要确定研发体系结构，然后按照体系结构组建高水平的研发团队，设计合理高效的研发流程，借助合适的研发信息平台支持研发团队高效工作。用绩效管理调动研发团队的积极性，用风险管理控制研发风险，用成本管理使研发在成本预算范围内完成研发工作，用项目管理确保研发项目的顺利进行，用知识管理让研发团队的智慧联网和知识沉淀，这些都应该开展团队学习。图 4-15 是某科研机构的科研管理系统。

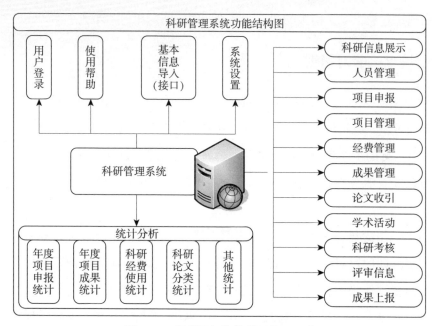

图 4-15 某科研机构的科研管理系统

某集团新产品开发各阶段的目的与方法，见表 4-5。

表 4-5 某集团新产品开发各阶段的目的与方法

新产品开发	细分阶段	目 的	方 法
概念开发	产品设想	千方百计酝酿出大量的产品设想	头脑风暴法、特性列表法和问题编目法
	评价筛选	评价产品设想，选出好的设想	拟定评价标准进行筛选
	经营效益分析	从财务角度评价新产品	编制资金预算，采用回收法、平均收益率和现估法进行评价
样品开发	概念试验与产品实体开发	拟定产品的主观设想并进行用户调研，决定产品的设计与试制	概念试验，产品设计，偏好试验，选择品名、包装等
商品开发	市场试销	考验与调整营销组合	在某个划定的市场范围内试销
	商品化	将产品推广到目标市场	最大限度地协调销售、生产及资金等各个环节

企业研发直接面对市场，更加快速有效，团队协作也更为深入；科研院所的研发工作在团队协作方面相对欠缺，单打独斗现象比较普遍，社科领域尤为突

出，科研课题缺乏令人信服的观点及结论，对实际应用价值不大。

情境 8：学习习惯

学习型组织的一大特点是将一些习惯性的日常工作变成习惯性的团队学习。一旦养成习惯，就将形成组织的个性，这种个性决定了组织的发展轨迹。优秀的组织都有良好的组织学习习惯和个性，造就了它们的核心竞争力。

现实中，有许多优秀的企业以各种组织形式，将团队学习变成了组织行为习惯。

（1）联想的复盘习惯。在联想内部，复盘已经变成了一种文化和习惯，复盘有四步，即回顾目标、评估结果、分析差距和总结规律。这种结构化和逻辑化的复盘步骤体现了科学性与系统性思维。复盘的 5 种态度，即开放心态、坦诚表达、实事求是、反思自我及集思广益，则建立起了共享、反思、反馈 3 种学习机制。

（2）靳州供电公司把问题变成课题的学习习惯。遇到问题变成集体研讨的课题。

（3）某咨询公司的"周五论坛"制度。定期的团队学习演变为组织的行为习惯。

（4）浦发闸北支行营销部的"晨会"制度。每天短时聚会，回顾昨天，改善今天，使学习变成习惯。

……

情境 9：学习平台

平台即资源的集聚，有效的平台就是资源的有效集聚与利用。从需求角度来讲，平台上满足的需求越多平台就越有效，平台上满足的需求越深平台就越有效。组织学习平台就是组织知识和思想的平台，在这个平台上，交流的越广、越深、越顺畅，对组织发展就越有促进作用。

组织的学习平台是与组织的管理体系相联系的。在信息化时代，这个平台是与组织的信息化管理系统合为一体的。应将组织信息系统注入团队学习的元素，提高组织内部及外部的学习沟通，不断优化组织管理，提高信息化管理系统的效用，助力组织发展和进步。

世界咖啡屋是一种在线团队学习平台，是指围绕某一相关问题，有意图地建造一个实时的网上会议，通过将大家的思维和智慧集中起来解决问题、发现思考的共性的过程。咖啡屋会议是一个创造的过程，它引导协作对话、分享知识并创造行动的可能性，适用于各种大小的组织。

世界咖啡屋的环境要像咖啡屋一样布置，大家每4人坐在一桌开始一轮又一轮谈论，谈论围绕一两个对他们个人非常有意义的问题，持续20~45分钟。每一轮结束的时候，一个人留下作为主持人，另外3个人串到其他桌。主持人欢迎到这张桌子的新参与者并和他们共享此前的会议精华，新参与者叙述他们带来的会议线索——讨论继续进行，并随着新一轮讨论的开始得到深化。第二轮结束的时候，根据咖啡屋的设计，参与者回到原来的桌或者继续转到其他桌开始新一轮的讨论。在后来的几轮讨论中，他们探究新的问题或者深入原来的问题。三轮或更多轮讨论过后，小组在一起分享并探究出现的主题、领悟和学习结果，通过图、表或者其他方法将小组的共同智慧显示给每个人，这样他们都可以思考该小组提出的问题。到这里，会议可以结束，也可以开始新一轮的问题探究或质询。

案例： 一位新任领导的举措

○ -- ○

21 世纪初，河南一家国有酒店出现经营亏损，上级领导部门经研究决定，提拔任命此酒店下属一家分酒店经理王胜（化名）来接任此家酒店总经理一职。因为王胜将分酒店（规模较小）做得比较好，分酒店在王胜的带领下，逐年进步，一派欣欣向荣的景象。而且他平时酷爱读书，尤其是国内外经营管理方面的书籍。王胜交接了工作，就来到了这家规模挺大但是亏损严重的酒店……

一、糟糕的情况

王胜上班第一天就发现了以下糟糕的情况：

情况 1：通过查看酒店各种财务报表发现，酒店有 500 余人在忙碌但是绩效低下。酒店业关键业绩指标（KPI）的行业水平在 68%~85%（不亏损），而王胜所在的酒店没有达到 50%，处于严重亏损状态。

情况 2：组织气氛压抑，员工牢骚满腹，65% 的员工认为他们处在一个无法讲出真话的环境中。

情况 3：员工普遍士气低下，60% 的员工相信即便他们有所作为也无力改变现状。

情况 4：在不到 4 年的时间内，领导班子的主要成员因各种原因不断更换，其总经理就换了三任。

情况 5：工作重点不断在变，换一任领导，就提出一个工作方向，目标也随之改变。

……

问起每个人的看法，大家将上述问题归因为：市场不景气、上级不重视、体制机制问题和员工素质能力差等，总之都是外部或他人的原因，每个人都觉得无能为力，且有很多借口。

二、王胜的办法

王胜针对以上状况采取了以下措施：

措施1：彻底了解情况。他拿出了整整一周的时间与大家谈话。他从面谈和其他渠道中收集了尽可能多的数据。（挑战现状）

措施2：确定问题到底出在哪里。他认为真正的问题是组织的目标与现状之间的差距，要想找出问题，一定要回到原点，找到组织目标，也就是以目标为导向解决问题。

于是，他把酒店的领导班子和各部门管理人员叫到了一间大会议室里，讲述了他发现的情况。然后他发了一沓纸，让大家写下5个形容词来描述酒店的现状。归纳整理后，发现大家说得最多的是：酒店工作中没有足够的指导，大家工作热情不高，营销活动经常无效，组织管理粗糙，不能有效工作，工作效果不佳，工作目标不明确，组织纪律涣散，无法协调一致地工作……

发现了上述情况，王胜又请他们再做一次，这次是要他们描述他们愿意在未来把酒店变成什么样子。结果发现大家都想将酒店建成：具有一流业绩、效益好的酒店，对客户热情、周到，使客户感到舒适且有宾至如归的感觉，与合作伙伴建立良好的互惠互利关系，每一位员工都有学习和成长的机会，每个人都喜欢在这个酒店工作，成为酒店真正的主人……

措施3：根据大家的意见，王胜和领导班子开始草拟组织的愿景、使命和理念，并告诉全体员工这是我们的愿景，是我们要为之奋斗的目标。（共启愿景）

在接下来的6周内，王胜分别与酒店中的各个部门召开了18次1小时的会议。在这些会议上，王胜挑战每个人，让他们想办法把新愿景变成现实。王胜让大家明白，改变现状是每个人的事。你必须成为其中的一部分，想成为伙伴，就要在这个过程中负点儿责任。（使众人行）

措施4：带领大家将目标变成组织的行动，从头到尾王胜都以身作则，要求别人做到的自己首先做到。因为他知道，身先士卒是有效的命令，以身作则是严格的规章。（以身作则）

措施5：为了保持工作干劲，王胜每个月都要召开会议。每次会议上，王胜都要重申他们的使命、目标和愿景。每次会议的结尾都是表彰优秀，公开表扬那些对酒店有重大贡献的人员。认可员工的贡献并表彰他们，这对王胜来说是件大事。（激励人心）

三、9 个月后的成果

经过 9 个月的努力，酒店面貌焕然一新。KPI 达到行业水平的 87%，组织氛围由消极转向积极。之前酒店由于业绩不佳，虽然达到三星酒店的规模却没有被评为三星级，现在经过半年多的努力，酒店成功晋级。

四、获得的启示

启示 1：遇到系统问题，需要以目标为导向解决问题（见图 4–16）。

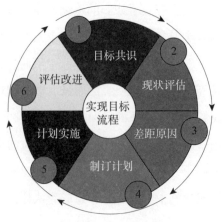

步骤	工具箱
1	头脑风暴法、团队共创、多维分析图
2	头脑风暴法、多维分析图、加权平均评估分值
3	头脑风暴法、团队列名、二八原理、鱼骨图
4	头脑风暴法、四副眼镜、SMART、有效—难易矩阵图、WBS、行动计划表
5	项目运行管控
6	多维分析图

图 4–16　以目标为导向解决问题

启示 2：有效的团队学习是沟通顺畅、目标一致、科学系统的学习。沟通顺畅必须克服组织中成员的习惯性防卫，目标一致是为了保证学习方向一致，科学系统是组织成员用先进的思维方式思考问题。

启示 3：卓越领导者是具有以身作则、挑战现状、共启愿景、激励人心及使众人行这 5 个优良特质的人，也是卓越领导者必须具有的 5 种行为方式。只有在这 5 个方面做到更好，其领导力才会更为出色。

启示 4：上述 5 种行为方式刚好用有效的团队学习可以帮助其实现。

 ## 结语

组织学习能力是组织最核心的能力，团队学习是组织学习的关键，只有将团队学习能力提升上去，组织学习能力才可以提升。团队学习是个人与组织进步的法宝。因为团队学习可以激活组织的 10 个方面：

它为组织注入了一种心态——积极向上的心态。

它为组织营造了一种氛围——快乐团队的氛围。

它为组织铸造了一种精神——自我超越的精神。

它为组织夯实了一个理念——不断创新的理念。

它为组织建立了一种思维——系统科学的思维。

它为组织培养了一种习惯——主动反思的习惯。

它为组织激发了一种热情——追求效率的热情。

它为组织拨亮了一盏心灯——灵魂深处的心灯。

它为组织增强了一个能力——终身学习的能力。

它为组织明白了一个道理——沟通无限的道理。

团队学习是组织实现梦想的法宝！

祝愿所有的领导们成为团队学习的高手！

参 考 文 献

[1] 彼得·圣吉.第五项修炼：学习型组织的艺术与实践 [M].张成林，译.北京：中信出版社，2009.

[2] 毛泽东.毛泽东选集（第一卷）[M].北京：人民出版社，1991.

[3] 伊恩·莫里斯.西方将主宰多久：从历史的发展模式看世界的未来 [M].钱峰，译.北京：中信出版社，2011.

[4] 伊莱恩·碧柯.领导力开发手册 [M].徐中，占卫华，刘雪茹，译.北京：电子工业出版社，2012.

[5] 约翰·麦克斯韦尔.领导力 21 法则 [M].路本福，译.上海：文汇出版社，2017.

[6] 戴维·伯姆.论对话 [M].尼科，编.王松涛，译.北京：教育科学出版社，2004.

[7] 彼得·德鲁克.管理的实践 [M].齐若兰，译.那国毅，审订.北京：机械工业出版社，2009.

[8] 雷格·瑞文斯.行动学习的本质 [M].郝君帅，赵文中，沈强铭，译.唐长军，审校.北京：机械工业出版社，2016.

[9] 英格里德·本斯.引导：团队群策群力的实践指南 [M].任伟，译.北京：电子工业出版社，2011.

[10] 美国培训与发展协会（ASTD）.成功会议 10 步骤 [M].陈俐，译.北京：中国铁道出版社，2010.